职业教育财经类专业新课改精品教材系列丛书

出纳与资金管理配套实训

编著 林云刚 徐智凌

电子工业出版社
Publishing House of Electronics Industry
北京·BEIJING

内 容 简 介

本书是电子工业出版社出版的由林云刚、徐智凌编著的《出纳与资金管理》一书的配套实训用书。本书的主要内容包括出纳相关知识与出纳工作交接，原始凭证的填制和审核，记账凭证的填制和审核，现金收支业务的处理，银行存款收支业务的处理，日记账的登记，现金、银行存款的清查，出纳岗位业务实务操作。本书突出职业导向的教学理念，体例新颖，针对性强，适合职业院校学生使用。

本书既可作为职业院校财经类及相关专业的教学用书，又可作为在职出纳人员的培训用书。

未经许可，不得以任何方式复制或抄袭本书之部分或全部内容。
版权所有，侵权必究。

图书在版编目（CIP）数据

出纳与资金管理配套实训 / 林云刚，徐智凌编著.
北京 ：电子工业出版社，2024. 7. -- ISBN 978-7-121-48440-7
Ⅰ. F830.45
中国国家版本馆CIP数据核字第2024Z1S346号

责任编辑：王志宇　　　特约编辑：田学清
印　　刷：涿州市京南印刷厂
装　　订：涿州市京南印刷厂
出版发行：电子工业出版社
　　　　　北京市海淀区万寿路173信箱　　邮编　100036
开　　本：880×1 230　1/16　印张：12.25　字数：298千字
版　　次：2024年7月第1版
印　　次：2024年9月第2次印刷
定　　价：39.00元

凡所购买电子工业出版社图书有缺损问题，请向购买书店调换。若书店售缺，请与本社发行部联系，联系及邮购电话：（010）88254888，88258888。

质量投诉请发邮件至zlts@phei.com.cn，盗版侵权举报请发邮件至dbqq@phei.com.cn。

本书咨询联系方式：（010）88254523，wangzy@phei.com.cn。

  本书是根据"以能力为本位、以职业实践为主线、以项目课程为主体的模块化专业课程体系"的总体设计要求，通过对出纳岗位工作任务和职业能力的分析，围绕出纳岗位任职人员所需的实践知识和职业能力进行构思而编写的，与电子工业出版社出版的由林云刚、徐智凌编著的《出纳与资金管理》一书配套使用。

  本书具有以下特点。

  （1）呈现"新"：本书根据 2023 年以来的税制重新编写，与现行税制一致，相关的结算票据与实际同步。

  （2）突出"用"：本书在保持实战性的基础上，注重网银结算训练，增加了出纳基本技能、银行开户及管理、单据移交、资金报表、外汇业务等出纳技能模块。

  （3）构建"评"：本书实训项目的考核以过程考核为主，每个项目（除项目 8 外）都设计了评价表，由教师、组长或同桌进行评价。

  本书由无锡城市职业技术学院林云刚、徐智凌编著，其中项目 1～5 由林云刚编著、项目 6～8 由徐智凌编著。为了方便教师教学，本书还配有实训答案（电子版），有需要的教师可以登录华信教育资源网免费注册后再进行下载，有问题时请在网站留言板留言或与电子工业出版社联系（E-mail：hxedu@phei.com.cn）。

编著者

目录

项目 1　出纳相关知识与出纳工作交接 ··· 1
　　实训 1　出纳交接书的编制 ·· 2
　　实训 2　日记账的启用及接交 ·· 4

项目 2　原始凭证的填制和审核 ·· 7
　　实训 1　原始凭证出票日期的大写 ·· 8
　　实训 2　原始凭证的填制 ·· 8
　　实训 3　原始凭证的审核 ··· 21

项目 3　记账凭证的填制和审核 ·· 25
　　实训 1　记账凭证的填制 ··· 26
　　实训 2　记账凭证的审核与装订 ·· 61

项目 4　现金收支业务的处理 ··· 62

项目 5　银行存款收支业务的处理 ·· 72

项目 6　日记账的登记 ··· 93
　　实训 1　现金日记账的登记 ··· 94
　　实训 2　银行存款日记账的登记 ·· 98
　　实训 3　单据移交表的编制 ··· 102

项目 7　现金、银行存款的清查 ·· 109
　　实训 1　库存现金盘点报告表的编制 ·· 110
　　实训 2　银行存款余额调节表的编制 ·· 111

项目 8　出纳岗位业务实务操作 ·· 115

项目 1　出纳相关知识与出纳工作交接

出纳工作直接涉及经济利益，应严格办理交接手续。出纳工作交接包括两部分内容：一是根据出纳交接书的内容进行实物的交接；二是进行出纳账簿的交接。学完这个项目，你就学会了如何进行出纳工作的交接。你是不是和我一样期待呢？让我们一起来学习吧！

实训 1 出纳交接书的编制

一、实训目的

接任出纳岗位或调离出纳岗位时会办理交接手续，会编制出纳交接书。

二、实训资料

1. 企业有关情况

（1）单位名称：梁溪凌空股份有限公司。

（2）法人代表：缪建新；财务主管：庄薇。

（3）会计：林海；出纳员：王风。

2. 相关事项

（1）2024 年 12 月 3 日，出纳员王风因休产假需办理交接手续，出纳岗位由新招聘的陆霞接任，财务主管庄薇负责监交。

（2）2024 年 12 月 3 日，有关交接内容如下。

① 12 月 3 日，库存现金账面余额为 23 450.6 元，保险箱中库存现金实有数为 23 450.6 元。

② 银行存款账面余额为 2 286 790 元，编制银行存款余额调节表后核对相符。

③ 移交的账本：现金日记账 1 本，银行存款日记账 1 本，转账支票、现金支票使用登记簿各 1 本。

④ 移交的结算凭证：空白转账支票 3 本（00437626～00437650 号、00437651～00437675 号、00437676～004376100 号），空白现金支票 1 本（98765100～98765125 号）及零星支票 3 张（98765997～98765999 号）。

⑤ 有关印鉴：转讫印章 1 枚，现金收讫印章 1 枚，现金付讫印章 1 枚，银行收讫印章 1 枚，银行付讫印章 1 枚。

⑥ 其他资料与设备：银行对账单 8 份（1～8 月）；银行存款余额调节表 8 份（1～8 月），印花税票 4 张；网银 U 盾及其密码 1 套；支付密码器及其说明书 1 套；电子回单 IC 卡 1 张；银行预留印鉴卡 1 张；印台、印油及印垫各 1 个；保险柜 1 个、钥匙 1 把；点钞机 1 台；计算机 1 台及其密码；计算器 1 个。

三、实训要求

根据实训资料中的相关事项编制出纳交接书。

四、实训设计

【形式】要求学生在课堂上独立完成出纳交接书的编制；完成出纳交接书的编制后，三人一组分别扮演王风（老出纳员）、陆霞（新出纳员）和庄薇（财务主管），进行交接模拟演练。

【准备】出纳交接书如下所示。

【评价】本实训将教师和组长的评价相结合，出纳交接书的编制评价表如表 1-1 所示。

五、实训单据

出纳交接书

_____

_____

1. 交接日期

2. 移交业务

3. 移交会计凭证、账簿和票据

4. 移交银行相关物件

5. 移交印章及用具

6. 移交设备及用具

说明：

移交人（签字）：　　　接管人（签字）：　　　监交人（签字）：

年　月　日

表 1-1　出纳交接书的编制评价表

评 价 项 目	分值/分	评分/分
出纳交接书（教师评价）	60	
出纳交接演练（组长评价）	40	
合计	100	

实训 2　日记账的启用及接交

一、实训目的

（1）在启用新账簿时会填制账簿启用及接交表。
（2）在办理交接时会填制账簿启用及接交表。

二、实训资料

1. 企业有关情况

（1）单位名称：梁溪凌空股份有限公司。
（2）法人代表：缪建新；财务主管：庄薇。
（3）会计：林海；出纳员：王风。

2. 相关事项

（1）2024 年 6 月 25 日，企业现金日记账已经登记满（本年度第三册），需启用新的现金日记账，账簿编号假定为 RJZX202404。

（2）2024 年 7 月 12 日，企业银行存款日记账已经登记满（本年度第二册），需启用新的银行存款日记账，账簿编号假定为 RJZY202403。

（3）2024 年 12 月 3 日，出纳员王风因休产假需办理交接手续，出纳岗位由新招聘的陆霞接任，财务主管庄薇负责监交。

三、实训要求

（1）启用新账簿时分别填制现金和银行存款日记账的账簿启用及接交表。
（2）办理交接时分别填制现金和银行存款日记账的账簿启用及接交表。

四、实训设计

【形式】要求学生在课堂上独立完成现金日记账和银行存款日记账账簿启用及接交表的填制;填制完成后,三人一组分别扮演王风(老出纳员)、陆霞(新出纳员)和庄薇(财务主管)进行交接。

【准备】现金日记账和银行存款日记账账簿启用及接交表分别如表1-2和表1-3所示。

【评价】本实训将教师和组长的评价相结合,日记账的启用及接交评价表如表1-4所示。

五、实训单据

表 1-2 现金日记账账簿启用及接交表

账 簿 启 用 及 接 交 表

单位名称									印 鉴	
账簿名称	（第　册）									
账簿编号										
账簿页数	本账簿共计　页　（账簿页数检点人盖章）									
启用日期	公元　年　月　日									
经管人员	单位主管		财务主管		复 核		记 账			
	姓 名	盖 章	姓 名	盖 章	姓 名	盖 章	姓 名	盖 章		
接交记录	经管人员		接 管			交 出				
	职 别	姓 名	年	月	日	盖 章	年	月	日	盖 章
备 注										

表 1-3 银行存款日记账账簿启用及接交表

账 簿 启 用 及 接 交 表

单位名称			印 鉴	
账簿名称	（第　　册）			
账簿编号				
账簿页数	本账簿共计　页　（账簿页数检点人盖章）			
启用日期	公元　年 月 日			
经管人员	单位主管	财务主管	复核	记账
	姓名　盖章	姓名　盖章	姓名　盖章	姓名　盖章

接交记录	经管人员		接管				交出			
	职别	姓名	年	月	日	盖章	年	月	日	盖章
备注										

表 1-4 日记账的启用及接交评价表

评价项目	分值/分	评分/分
现金日记账启用（教师评价）	30	
现金日记账接交（组长评价）	20	
银行存款日记账启用（教师评价）	30	
银行存款日记账接交（组长评价）	20	
合计	100	

项目 2　原始凭证的填制和审核

"万丈高楼平地起",你见过没有地基的高楼大厦吗?你见过没有树根的参天大树吗?对于会计工作而言,原始凭证就是起始环节,是记账的原始依据。出纳员每天需要填制和审核各种原始凭证,如到银行提取现金时需要填制现金支票;收到转账支票时需要填制进账单,办理进账手续;对于报销业务,需要审核各种原始凭证。原始凭证就是出纳员的"咽喉",必须正确填制、审核并保管好。规范、美观地填制原始凭证将助你踏上职场成功之路。

本项目包括三方面内容:一是原始凭证出票日期的大写;二是原始凭证的填制;三是原始凭证的审核。同学们,让我们振奋精神,投入到本项目的训练中吧!

实训 1　原始凭证出票日期的大写

一、实训目的

掌握原始凭证出票日期的大写。

二、实训资料

（1）2024 年 2 月 20 日：_____
（2）2024 年 3 月 30 日：_____
（3）2024 年 5 月 15 日：_____
（4）2024 年 10 月 20 日：_____
（5）2025 年 4 月 6 日：_____
（6）2025 年 6 月 10 日：_____
（7）2025 年 10 月 8 日：_____
（8）2026 年 7 月 16 日：_____
（9）2026 年 8 月 20 日：_____
（10）2026 年 11 月 1 日：_____

三、实训要求

根据资料在对应处写出大写的出票日期。

四、实训设计

【形式】要求学生在课堂上独立完成。
【评价】本实训由教师进行评价，每个实训资料为 10 分，总分为 100 分。

实训 2　原始凭证的填制

一、实训目的

（1）根据原始凭证判断经济业务的发生情况。
（2）根据经济业务正确填制相关原始凭证。

二、实训资料

1. 企业有关情况

（1）单位名称：梁溪凌空股份有限公司（一般纳税人）；纳税人识别号：50700006876596547A。

（2）法人代表：缪建新；财务主管：庄薇。

（3）会计：林海；出纳员：王风。

（4）单位地址及电话：梁溪市台山路98号，0510-82676888。

（5）开户行及账号：中国工商银行梁溪台山支行，430008675466338765。

2. 企业有关经济业务

2024年10月，该企业有关经济业务如下。

【业务1】 15日，因库存现金不足，企业准备从银行提取现金20 000元备用。

【业务2】 18日，业务员李民持梁溪凌空股份有限公司费用报销单（见图2-1）和江苏省增值税专用发票（见图2-2）前来报销广告费，出纳员签发转账支票支付。

梁溪凌空股份有限公司费用报销单

购物（或业务往来）日期：2024年10月16日			背面附原始凭证1张		
	内　容	发票号	单价	数量	金额
1	支付广告费	00031985			26 500
2					
3					
备注：					
实报金额（大写）人民币贰万陆仟伍佰元整				¥26 500	
领导审批 缪建新	财务经理 庄薇		部门经理 王敏	报销人 李民	

图2-1 梁溪凌空股份有限公司费用报销单

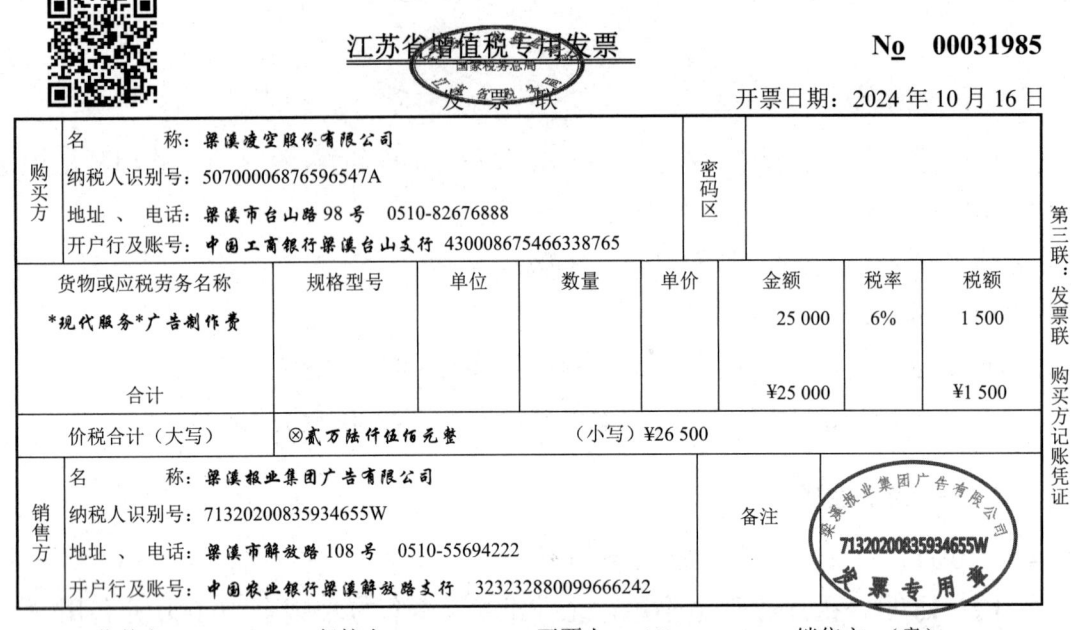

图2-2 江苏省增值税专用发票

【业务3】 18日，经查询，嘉兴动力股份有限公司的一张银行承兑汇票（见图2-3和图2-4）将于2024年10月24日到期，准备办理托收。

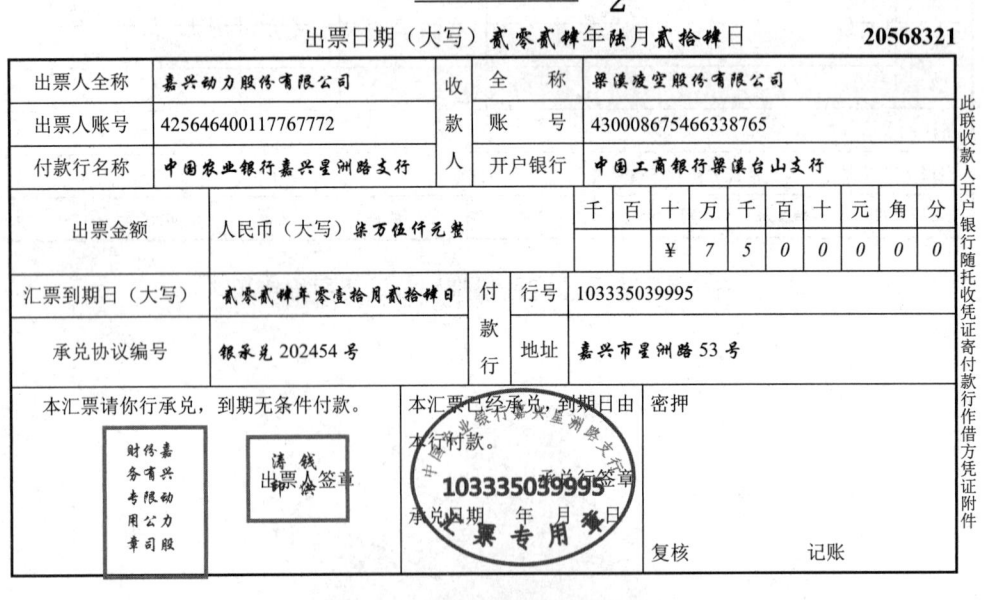

图2-3 银行承兑汇票正面

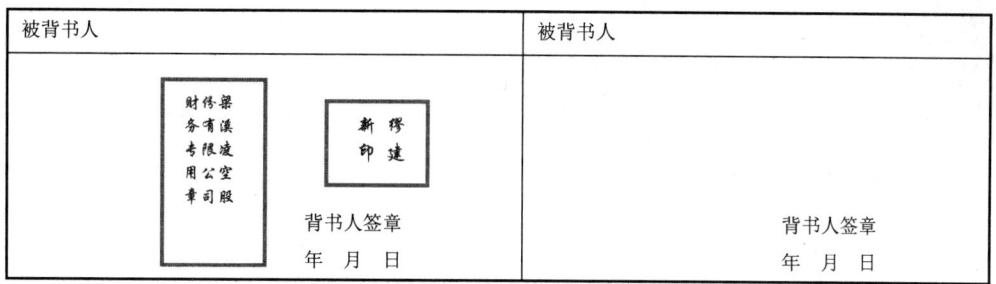

图 2-4 银行承兑汇票背面

【业务 4】19 日，为采购材料，供应部门申请办理银行汇票，填制付款申请书。梁溪凌空股份有限公司付款申请书如图 2-5 所示。

梁溪凌空股份有限公司付款申请书

2024 年 10 月 19 日

用途	金额												收款单位：	蓝州钢铁有限公司
支付货款	亿	千	百	十	万	千	百	十	元	角	分	账号：	634315368476543364
			¥	1	5	0	0	0	0	0	0	开户行：	中国农业银行蓝州城南支行
金额大写（合计）	人民币壹拾伍万元整												电汇□ 转账 □ 汇票☑ 网银□	
总经理	缪建新		财务部门	经理				庄薇					经办部门	经理	叶超
				会计				林海						经办人	华刚

图 2-5 梁溪凌空股份有限公司付款申请书

【业务 5】21 日，企业销售一批商品，收到中国工商银行转账支票（苏）（见图 2-6）和江苏省增值税专用发票（见图 2-7）。

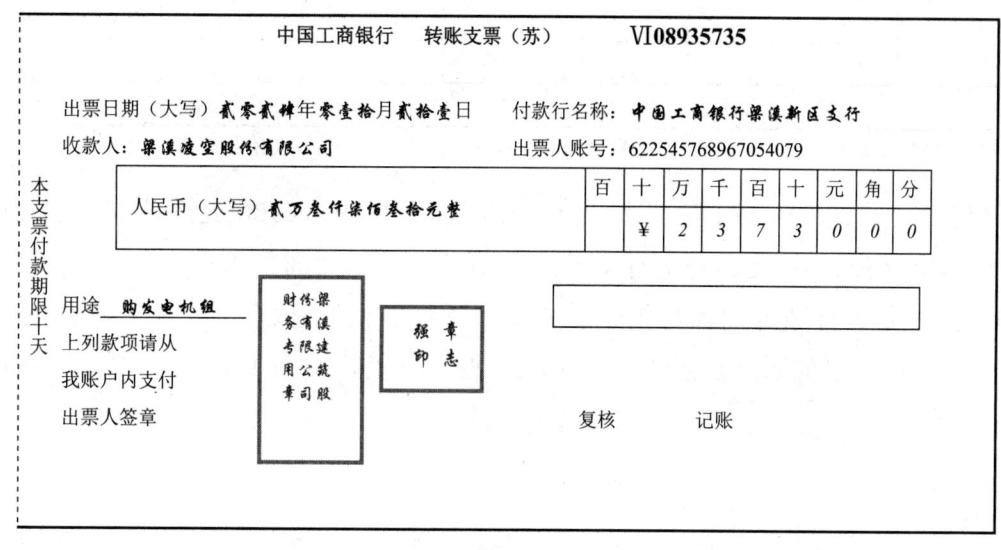

图 2-6 中国工商银行转账支票（苏）

江苏省增值税专用发票　　No 03287512

此联不作报销、扣款使用　　开票日期：2024 年 10 月 21 日

购买方	名　　　称：梁溪建筑股份有限公司
	纳税人识别号：34225440056126709G
	地址、电话：梁溪市健康路 212 号 0510-55678966
	开户行及账号：中国工商银行梁溪新区支行 6225457689670 54079

货物或应税劳务名称	规格型号	单位	数量	单价	金额	税率	税额
*金属制品*发电机组		台	1	21 000	21 000	13%	2 730
合计					¥21 000		¥2 730

价税合计（大写）　⊗贰万叁仟柒佰叁拾元整　（小写）¥23 730

销售方	名　　　称：梁溪凌空股份有限公司
	纳税人识别号：50700006876596547A
	地址、电话：梁溪市台山路 98 号 0510-82676888
	开户行及账号：中国工商银行梁溪台山支行 430008675466338765

收款人：　　复核人：　　开票人：张旭　　销售方：（章）

图 2-7　江苏省增值税专用发票

【业务 6】22 日，门市部张晓交来销售日报表（见表 2-1）。

表 2-1　销售日报表

2024 年 10 月 22 日

编号	商品名称	单位	数量	单价	金额	备注
1001	飞轮	个	6	282.5	1 695	现金结算
1002	皮带轮	条	18	47.46	854.28	现金结算
1003	珀金斯缸套	个	9	158.2	1 423.8	现金结算
合　计					¥3 973.08	

出纳：王风　　复核：华秋红　　制单：张晓

【业务 7】22 日，将本日销售商品现金 3 973 元解存银行（100 元面值 33 张、50 元面值 9 张、20 元面值 5 张、10 元面值 8 张、5 元面值 7 张、1 元面值 8 张）。

【业务 8】29 日，行政部门浦忠报销差旅费（无预借款），火车票（一）、火车票（二）及江苏省增值税专用发票如图 2-8 至图 2-10 所示。假定出差补贴为 180 元/天，无其他费用发生。

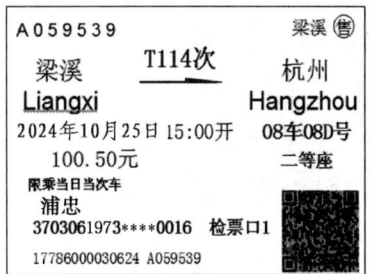

图 2-8 火车票（一）

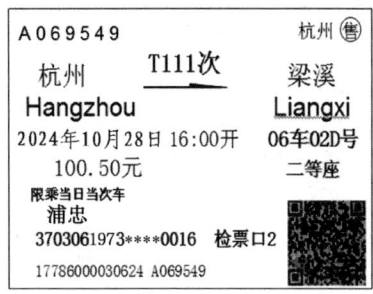

图 2-9 火车票（二）

图 2-10 江苏省增值税专用发票

三、实训要求

（1）根据业务 1 填制中国工商银行现金支票（苏）（见图 2-11）。

（2）根据业务 2 填制中国工商银行转账支票（苏）（见图 2-12）。

（3）根据业务 3 填制托收凭证（受理回单）（见图 2-13）。

（4）根据业务 4 填制中国工商银行结算业务申请书（见图 2-14）。

（5）根据业务 5 填制中国工商银行进账单（回单）（见图 2-15）。
（6）根据业务 6 填制收据（见图 2-16）。
（7）根据业务 7 填制中国工商银行现金存款凭证（见图 2-17）。
（8）根据业务 8 填制梁溪凌空股份有限公司出差费用报销单（见图 2-18）。

四、实训设计

【形式】要求学生在课堂上独立完成各种原始凭证的填制，完成后由同桌审核。

【准备】各种原始凭证（见图 2-11 至图 2-18）。

【评价】本实训将教师评价与学生（同桌）评价相结合，原始凭证的填制评价表如表 2-2 所示。

五、实训单据

【业务1】

图 2-11 中国工商银行现金支票（苏）

【业务2】

图 2-12 中国工商银行转账支票（苏）

【业务3】

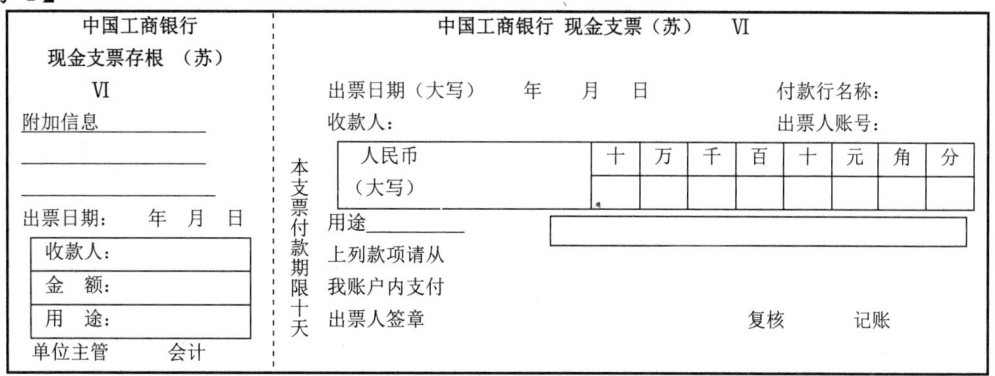

图 2-13 托收凭证（受理回单）

【业务4】

ICBC㊣ 中国工商银行结算业务申请书　　No

申请日期　　年　月　日

业务类型	□银行汇票 □银行本票 □电汇	□转账	□现金	
申请人	全 称		收款人	全 称
	账 号			账 号
	开户行			开户行
金额	（大写）		千百十万千百十元角分	
申请人签章		支付密码		
		附加信息及用途	电汇时选择 普通□ 加急□	

主管　　　　　复核　　　　　记账

第一联 银行记账凭证

图 2-14　中国工商银行结算业务申请书

【业务5】

中国工商银行进账单（回　单）　1

年　月　日　　　　　第　号

出票人	全 称		收款人	全 称	
	账 号			账 号	
	开户银行			开户银行	
人民币（大写）			千百十万千百十元角分		
票据种类					
票据张数					
单位主管　会计　复核　记账			持票人开户行盖章		

此联是收款人开户银行交给收款人的回单

图 2-15　中国工商银行进账单（回单）

【业务6】

收　据　　No

年　月　日

交款单位_____　　　　收款方式_____
人民币（大写）_____　　¥_____
收款事由_____
　　　　　　　　　　　　　　　　年　月　日

单位盖章　　财务主管　　记账　　出纳　　审核　　经办

二 客户联

图 2-16　收据

【业务7】

ICBC 中国工商银行　　现金存款凭证

年　月　日　　　　编号：

存款人	全称						
	账号				款项来源		
	开户行				交款人		
金额（大写）				金额（小写）			
票面	张数	票面	张数	票面	张数		
						经办　复核	

主管：　　　　授权：　　　复核：　　　经办：

图2-17　中国工商银行现金存款凭证

【业务8】

梁溪凌空股份有限公司　　出差费用报销单

出差事由				填报日期：　年　月　日			附原始凭证　　张	

月	日	起止时间	起讫地点	车船费		途中补贴	住勤补贴		误餐补贴			旅馆费	市内交通费	行李搬运费	其他
				车次	金额	金额	天数	金额	中	晚	金额				
		午 时 分 午 时 分	至												
		午 时 分 午 时 分	至												
		午 时 分 午 时 分	至												
支　出　小　计															
预支金额		应付（退）金额			支出金额（大写）										
领导审核			财务经理			部门经理				报销人					

图2-18　梁溪凌空股份有限公司出差费用报销单

表2-2　原始凭证的填制评价表

评价项目	分值/分	评分/分
现金支票填制	16	
转账支票填制	16	
托收凭证填制	8	
结算业务申请书填制	8	
进账单填制	8	
收据填制	8	
现金存款凭证填制	8	
报销单填制	8	
训练态度（同桌评价）	20	
合计	100	

实训 3 原始凭证的审核

一、实训目的

（1）会审核原始凭证。
（2）能对原始凭证审核结果进行处理。

二、实训资料

1. 企业有关情况

（1）单位名称：梁溪凌空股份有限公司（一般纳税人）；纳税人识别号：50700006876596547A。
（2）法人代表：缪建新；财务主管：庄薇。
（3）会计：林海；出纳员：王风。
（4）单位地址及电话：梁溪市台山路 98 号，0510-82676888。
（5）开户行及账号：中国工商银行梁溪台山支行，430008675466338765。

2. 企业有关经济业务

2024 年 10 月 20 日，该企业取得或填制的原始凭证如下。
（1）销售一批产品，取得梁溪蓝天生铁有限公司交通银行转账支票（苏）一张（见图 2-19）。
（2）从梁溪市新华发电机有限责任公司购入发电机 20 台，取得江苏省增值税专用发票（见图 2-20）。
（3）收到银行转来的梁溪市自来水总公司开出的江苏省增值税专用发票（见图 2-21）。
（4）采购员刘强因参加广州展销会预借差旅费 4 500 元，出纳员取得刘强的借款申请单（见图 2-22）。

三、实训要求

对相关原始凭证进行审核，并说明针对审核结果的处理方法。

四、实训设计

【形式】要求学生在课堂上独立完成各种原始凭证的审核。
【准备】各种原始凭证。
【评价】本实训将教师评价与学生（同桌）评价相结合，原始凭证的审核评价表如表 2-3 所示。

五、实训单据

图 2-19 交通银行转账支票（苏）

审核本支票发现的问题如下：

(1) _____

(2) _____

(3) _____

本支票的处理方法：_____

图 2-20 江苏省增值税专用发票

审核本发票发现的问题如下：

(1) _____

(2) _____

(3) _____

本发票的处理方法：________________

江苏省增值税专用发票　　No 03287688

发　票　联　　开票日期：2024 年 6 月 7 日

购买方	名　　称：梁溪凌空股份有限公司 纳税人识别号：50700006876596547A 地址 、 电话：梁溪市台山路 98 号　0510-82676888 开户行及账号：中国工商银行梁溪台山支行　430008675466338765				密码区			
货物或应税劳务名称	规格型号	单位	数量	单价	金额	税率	税额	
*供水*水费		吨	318.245	3.050 7	970.87	3%	29.13	
合计					¥970.87		¥29.13	
价税合计（大写）	⊗壹仟元整　　（小写）¥1 000							
销售方	名　　称：梁溪市自来水总公司 纳税人识别号：91323209966333342D 地址 、 电话：梁溪市通扬路 38 号　0510-82106688 开户行及账号：中国工商银行梁溪通扬支行　499600007522876644				备注	梁溪市自来水总公司 91323209966333342D 发票专用章		

收款人：　　复核人：　　开票人：　　销售方：（章）

第三联：发票联　购买方记账凭证

图 2-21　江苏省增值税专用发票

审核本发票发现的问题如下：

（1）________________

（2）________________

（3）________________

本发票的处理方法：________________

借款申请单

2024 年 6 月 5 日

借款单位	业务员王强						
用途							
金额（大写）人民币捌千元整			¥8 000				
还款计划	2024 年 6 月 10 日						
领导批准		财务审批	庄薇	部门审批	张丽	出纳付款	王风
借款人	王强		备注				

图 2-22　借款申请单

审核本借款单发现的问题如下：

（1）________________

（2）________________

（3）________________

本借款单的处理方法：________________

表 2-3 原始凭证的审核评价表

评 价 项 目	分值/分	评分/分
转账支票审核	20	
增值税专用发票审核	20	
增值税专用发票审核	20	
借款申请单审核	20	
训练态度（同桌评价）	20	
合计	100	

项目 3　记账凭证的填制和审核

原始凭证是具有法律效力的书面证明，为了保证记账工作的正确性，应根据会计工作规范的要求和原始凭证编制记账凭证。在前面的学习中，我们学会了根据经济事项填制原始凭证。而在实际财务工作中，原始凭证是通过记账凭证体现的，记账凭证是记账的直接依据，其编制正确与否直接影响记账工作的质量。

本项目包括两方面内容：记账凭证的填制；记账凭证的审核与装订。掌握本项目的技能，有助于我们从出纳岗位顺利转向会计岗位。为了更接近我们的梦想，让我们一起进入记账凭证的学习天地吧！

实训 1　记账凭证的填制

一、实训目的

（1）能根据原始凭证判断经济业务内容。
（2）能填制记账凭证。

二、实训资料

1. 企业有关情况

（1）单位名称：梁溪凌空股份有限公司（一般纳税人）；纳税人识别号：50700006876596547A。
（2）法人代表：缪建新；财务主管：庄薇。
（3）会计：林海；出纳员：王风。
（4）单位地址及电话：梁溪市台山路98号，0510-82676888。
（5）开户行及账号：中国工商银行梁溪台山支行，430008675466338765。

2. 企业有关经济业务

2024年12月1日，该企业有关经济业务的单证如下。

【业务1】　相关业务单证如图3-1所示。
【业务2】　相关业务单证如图3-2和图3-3所示（注：所附原始凭证略）。
【业务3】　相关业务单证如图3-4所示。
【业务4】　相关业务单证如图3-5至图3-7所示。
【业务5】　相关业务单证如图3-8至图3-10所示。
【业务6】　相关业务单证如图3-11至图3-14所示。
【业务7】　相关业务单证如图3-15和图3-16所示。
【业务8】　相关业务单证如表3-1所示。
【业务9】　相关业务单证如图3-17所示。
【业务10】相关业务单证如图3-18至图3-20所示。
【业务11】相关业务单证如图3-21和图3-22所示。
【业务12】相关业务单证如图3-23至图3-25、表3-2所示。

项目3 记账凭证的填制和审核

【业务1】

借款申请单

2024 年 12 月 1 日

借款单位	供应科刘强						
用途	出差滨海市预借差旅费						
金额（大写）	人民币伍仟元整			¥5 000			
还款计划	2024 年 12 月 10 日						
领导批准	缪建新	财务审批	庄薇	部门审批	林晨	出纳付款	王风
借款人	刘强			备注			

图 3-1 借款申请单

【业务2】

梁溪凌空股份有限公司　出差费用报销单

出差事由		建业订货会		填报日期：2024 年 12 月 1 日				附原始凭证 3 张		
月	日	起止时间	起讫地点	车船费		途中补贴	住勤补贴		误餐补贴	旅馆费	市内交通费	行李搬运费	其他
				车次	金额	金额	天数	金额	中	晚	金额			
11	28	午 时 分 午 时 分	梁溪至建业		92									600
11	30	午 时 分 午 时 分	建业至梁溪		92		3	600				760		
		午 时 分 午 时 分	至											
支　出　小　计					184			600				760		600
预支金额	2 500	应付(退 √)金额		356		支出金额（大写）			人民币贰仟壹佰捌拾肆元整					
领导审核	缪建新	财务经理		庄薇		部门经理		张莉	报销人		王波			

图 3-2 梁溪凌空股份有限公司出差费用报销单

收　据　　　　　　　　　　　　　　No 0008869

2024 年 12 月 1 日

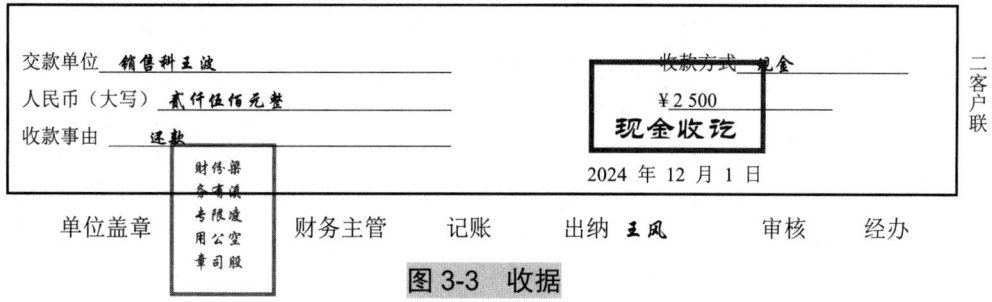

图 3-3 收据

【业务3】

中国工商银行 单位客户专用回单

ICBC　中国工商银行　单位客户专用回单　№ 965

币别：人民币　　　2024年12月1日　　　流水号：2765448736727863428

付款人	全称	梁溪新区贸易有限公司	收款人	全称	梁溪凌空股份有限公司
	账号	304315344500563229		账号	430008675466338765
	开户行	中国工商银行梁溪前洲路支行		开户行	中国工商银行梁溪台山支行

金额	人民币（大写）叁万捌仟陆佰元整	千	百	十	万	千	百	十	元	角	分
				¥	3	8	6	0	0	0	0

凭证种类	电子转账凭证	凭证号码	2202489754
结算方式	转账	用途	货款

打印柜员：320654202
打印机构：中国工商银行梁溪台山支行
打印卡号：432000000012896

打印时间：2024-12-01　　　交易柜员：　　　交易机构：32176820

图 3-4　中国工商银行单位客户专用回单

【业务4】

梁溪凌空股份有限公司　费用报销单

购物（或业务往来）日期：2024年12月1日　　　背面附原始凭证 2 张

	内容	发票号	单价	数量	金额
1	水费	03287988	3.0507	509.194	1 600
2					
3					

备注：转账付讫

实报金额（大写）人民币壹仟陆佰元整　　　¥1 600

| 领导审批 | 缪建新 | 财务经理 | 庄薇 | 部门经理 | 朱涛 | 报销人 | 刘娟 |

图 3-5　梁溪凌空股份有限公司费用报销单

ICBC 中国工商银行　凭证

日期　2024年12月1日　　　业务回单（付款）
回单编号：18062000755

付款人户名：梁溪凌空股份有限公司　　　付款人开户行：中国工商银行梁溪台山支行
付款人账号：430008675466338765
收款人户名：梁溪市自来水总公司　　　收款人开户行：中国工商银行梁溪通扬支行
收款人账号：499600007522876644

金额：壹仟陆佰元整　　　小写：1 600元
业务（产品）种类：　　　凭证种类：00000000　　　凭证号码：00000000000000000000
摘要：水费　　　用途：　　　币种：人民币
交易机构：0110300421　　　记账柜员：00018　　　交易代码：45296　　　渠道：网上银行
附言：
支付交易序号：61157124　　　报文种类：大客户发起汇兑业务　　　委托日期：2024年12月1日
业务类型：普通汇兑　　　指令编号：HQP14180654　　　提交人：王丽
本回单为第一次打印，注意重复　　打印日期：2024年12月1日　　打印柜员：(003)　　认证码：OCBE6CA7786

图 3-6　中国工商银行业务回单（付款）

江苏省增值税专用发票

No 03287988

开票日期：2024 年 11 月 30 日

购买方	名　　称：梁溪凌空股份有限公司 纳税人识别号：50700006876596547A 地址、电话：梁溪市台山路 98 号　0510-82676888 开户行及账号：中国工商银行梁溪台山支行　430008675466338765	密码区	

货物或应税劳务名称	规格型号	单位	数量	单价	金额	税率	税额
*供水*水费		吨	509.194	3.050 7	1 553.4	3%	46.6
合计					¥1 553.4		¥46.6

价税合计（大写）	⊗壹仟陆佰元整　　（小写）¥1 600

销售方	名　　称：梁溪市自来水总公司 纳税人识别号：91323209966333342D 地址、电话：梁溪市通扬路 38 号　0510-82106688 开户行及账号：中国工商银行梁溪通扬支行　499600007522876644	备注	（章）

收款人：　　　复核人：　　　开票人：蔡琴　　　销售方：（章）

图 3-7　江苏省增值税专用发票

【业务 5】

梁溪凌空股份有限公司　费用报销单

购物（或业务往来）日期：	2024 年 12 月 1 日		背面附原始凭证 2 张		
	内　容	发票号	单　价	数　量	金　额
1	业务招待费	04788365			2 300
2					
3					
备注：					
实报金额（大写）人民币贰仟叁佰元整　　　　　¥2 300					
领导审批　缪建新　财务经理　庄薇　部门经理　汤斌　报销人　钱业红					

图 3-8　梁溪凌空股份有限公司费用报销单

项目3 记账凭证的填制和审核

江苏省增值税普通发票

No 04788365

开票日期：2024年12月1日

购买方	名称：梁溪凌空股份有限公司 纳税人识别号：50700006876596547A 地址、电话：梁溪市台山路98号 0510-82676888 开户行及账号：中国工商银行梁溪台山支行 430008675466338765	密码区			
货物或应税劳务名称	规格型号	单位	数量	单价	金额	税率	税额
*餐饮服务*餐饮费					2 169.81	6%	130.19
合计					¥2 169.81		¥130.19
价税合计（大写）	⊗贰仟叁佰元整		（小写）¥2 300			
销售方	名称：梁溪市钱桥餐饮有限公司 纳税人识别号：913202008359346338 地址、电话：梁溪市钱桥路177号 0510-65325778 开户行及账号：交通银行梁溪钱桥支行 323232099665555678	备注			

收款人：　　　复核人：　　　开票人：章敏　　　销售方：（章）

图3-9 江苏省增值税普通发票

中国工商银行
转账支票存根（苏）
VI00437620

附加信息

出票日期：2024年12月1日

收款人：梁溪市钱桥餐饮有限公司
金　额：¥2 300
用　途：餐饮费
单位主管 缪建新　会计 林海

图3-10 中国工商银行转账支票存根（苏）

【业务6】

梁溪凌空股份有限公司　费用报销单

购物（或业务往来）日期：	2024年12月1日		背面附原始凭证 2 张		
	内容	发票号	单价	数量	金额
1	增值税	32028232000124390			52 869
2	城市维护建设税	32020031800003287			3 700.83
3	教育费附加	32020031800003287			1 586.07
4					
备注：11月份税金					
实报金额（大写）人民币伍万捌仟壹佰伍拾伍元玖角整					¥58 155.9
领导审批 缪建新	财务经理 庄薇		部门经理 王波	报销人 黄娟	

图3-11 梁溪凌空股份有限公司费用报销单

项目3 记账凭证的填制和审核

ICBC 中国工商银行　单位客户专用回单

转账日期：2024 年 12 月 1 日　　　　　　　　　　　　　　凭证字号：1281801200076232

纳税人全称：梁溪凌空股份有限公司
纳税人识别号（信用代码）：50700006876596547A
付款人全称：梁溪凌空股份有限公司　　　　　　咨询（投诉）电话：12366
付款人账号：430008675466338765　　　　　　征收机关名称（委托方）：梁溪新吴区税务局
付款人开户银行：中国工商银行梁溪台山支行　　收缴国库（银行）：国家金库梁溪新吴支库
小写（合计）金额：¥52 869　　　　　　　　　　缴款书流水号：30651876549977228 88776532
大写（合计）金额：人民币伍万贰仟捌佰陆拾玖元整　税票号码：32028323000124390

税（费）名称	所属时间	实缴金额
增值税	20241101—202401130	52 869

复核：　　　　　　　　经办：　　　　　　　　　　　　打印日期：2024-12-01

图 3-12　中国工商银行单位客户专用回单（一）

ICBC 中国工商银行　单位客户专用回单

转账日期：2024 年 12 月 1 日　　　　　　　　　　　　　　凭证字号：1281801200076233

纳税人全称：梁溪凌空股份有限公司
纳税人识别号（信用代码）：50700006876596547A
付款人全称：梁溪凌空股份有限公司　　　　　　咨询（投诉）电话：12366
付款人账号：430008675466338765　　　　　　征收机关名称（委托方）：梁溪新吴区税务局
付款人开户银行：中国工商银行梁溪台山支行　　收缴国库（银行）：国家金库梁溪新吴支库
小写（合计）金额：¥5 286.9　　　　　　　　　缴款书流水号：30651876549977228 88776533
大写（合计）金额：人民币伍仟贰佰捌拾陆元玖角整　税票号码：32020031800003287

税（费）名称	所属时间	实缴金额
城市维护建设税	20241101—20241130	3 700.83
教育费附加	20241101—20241130	1 586.07

复核：　　　　　　　　经办：　　　　　　　　　　　　打印日期：2024-12-01

图 3-13　中国工商银行单位客户专用回单（二）

中华人民共和国
电子缴税（费）凭证

打印日期：2024-12-01　　　　　　　　　　　　　　　　　　　　税 240020539087

纳税人代码	50700006876596547A	主管税务机关	梁溪市税务局第二税务分局
纳税人全称	梁溪凌空股份有限公司	开户银行	中国工商银行梁溪台山支行
缴税人名称	梁溪凌空股份有限公司	银行账号	430008675466338765

电子缴款书号	征收项目名称	征收品目名称	所属时期	实缴金额	缴款日期	税款属性	国库
32020031800003287	城市维护建设税	增值税附征	2024-11-01 至 2024-11-30	3 700.83	2024.12.01	一般申报	国家金库梁溪新吴支库
32020031800003287	教育费附加	增值税附征	2024-11-01 至 2024-11-30	1 586.07	2024.12.01	一般申报	国家金库梁溪新吴支库
金额合计	人民币伍仟贰佰捌拾陆元玖角整			￥5 286.9			（套印征收专用章）

注：1. 本缴款单凭证仅作为纳税人记账核算凭证使用，电子纳税的，需与银行对账单电子归缴记录核对一致方有效。纳税人如需汇总开具完税证明，请凭税务登记或身份证明到主管税务机关开具。

2. 打印此票的次日以后，方可到税务部门换开正式完税凭证。

图 3-14　中华人民共和国电子缴税（费）凭证

【业务7】

梁溪凌空股份有限公司付款申请书

2024 年 12 月 1 日

用途	金额										收款单位：	彭城钢铁有限责任公司	
	亿	千	百	十	万	千	百	十	元	角	分	账 号：	364315368476543643
支付货款			￥	1	5	0	0	0	0	0	0	开户行：	中国农业银行彭城南郊支行
金额大写（合计）	人民币壹拾伍万元整											电汇□　转账□　汇票☑　网银□	
总经理	缪建新	财务部门	经理	庄薇							经办部门	经理	吴大伟
			会计	林海								经办人	苏强

图 3-15　梁溪凌空股份有限公司付款申请书

项目3 记账凭证的填制和审核

ICBC 中国工商银行结算业务申请书　No 66187698

申请日期　2024 年 12 月 1 日

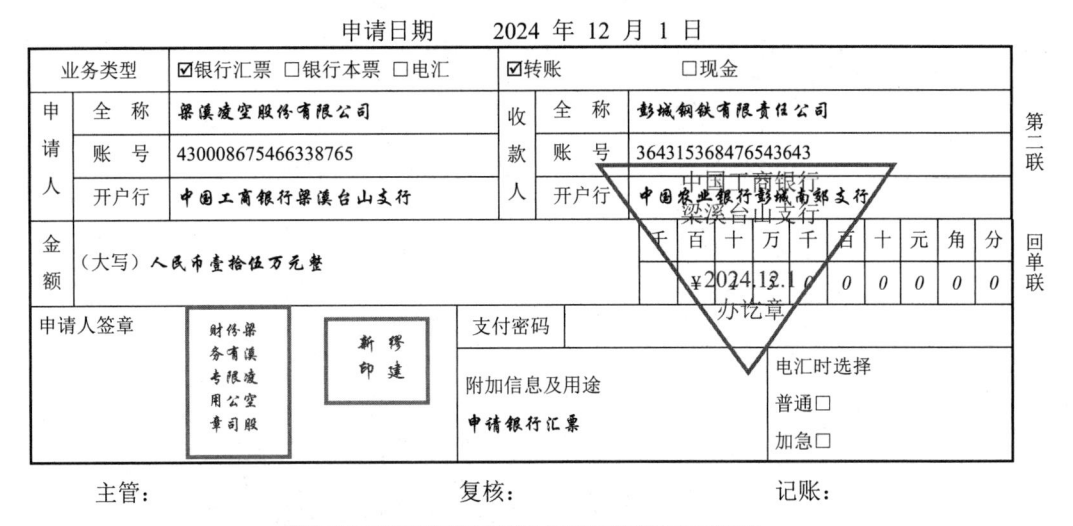

业务类型	☑银行汇票 □银行本票 □电汇		☑转账 □现金		
申请人	全称	梁溪凌空股份有限公司	收款人	全称	彭城钢铁有限责任公司
	账号	430008675466338765		账号	364315368476543643
	开户行	中国工商银行梁溪台山支行		开户行	中国农业银行彭城南邻支行
金额	(大写)人民币壹拾伍万元整		千百十万千百十元角分 ¥ 1 5 0 0 0 0 0 0		
申请人签章	财务梁务溪专限用凌公空章司股(印章) 新绎印建(印章)		支付密码		
			附加信息及用途 申请银行汇票		电汇时选择 普通□ 加急□

主管：　　　　　复核：　　　　　记账：

图 3-16　中国工商银行结算业务申请书

【业务8】

表 3-1　销售日报表

2024 年 12 月 1 日

编号	商品名称	单位	数量	单价	金额	备注
1001	飞轮	个	26	282.5	7 345	现金结算
1002	皮带轮	条	21	47.46	996.66	现金结算
1003	珀金斯缸套	个	29	158.2	4 587.8	现金结算
				现金收讫		
合　计					¥12 929.46	

出纳：王风　　　复核：华秋红　　　制单：张晓

【业务9】

ICBC 中国工商银行　　现金存款凭证

2024 年 12 月 1 日　　　　编号：008479

存款人	全称	梁溪凌空股份有限公司	款项来源	货款
	账号	430008675466338765		
	开户行	中国工商银行梁溪台山支行	交款人	王风

金额（大写）人民币壹万贰仟玖佰贰拾玖元肆角整　　金额（小写）¥12 929.4

票面	张数	票面	张数	票面	张数
100	101				
50	49				
20	15				
10	7				
5	1				
1	4				
0.1	4				

（中国工商银行梁溪台山支行 2024.12.1 业务专用章）

经办　　　复核

主管：　　　授权：835345　　　复核：　　　经办：007864

图 3-17　中国工商银行现金存款凭证

➤ 39

【业务10】

梁溪凌空股份有限公司费用报销单

	内　容	发票号	单价	数量	金额
	购物（或业务往来）日期：2024年12月1日		背面附原始凭证 2 张		
1	广告费	05787399			12 000
2					
3					
4					
备注：					
实报金额（大写）人民币壹万贰仟元整		¥12 000			
领导审批 缪建新	财务经理 庄薇	部门经理 王波		报销人 黄娟	

图 3-18　梁溪凌空股份有限公司费用报销单

ICBC 中国工商银行　　　　　　　凭证

日期　2024年12月1日　　业务回单　（付款）

回单编号：18062000765

付款人户名：梁溪凌空股份有限公司　　付款人开户行：中国工商银行梁溪台山支行
付款人账号：430008675466338765
收款人户名：无锡光线传媒有限公司　　收款人开户行：中国农业银行无锡惠山支行
收款人账号：323232000099666242
金额：壹万贰仟元整　　　　　　　　　小写：12 000 元
业务（产品）种类：　　凭证种类：00000000　凭证号码：00000000000000000000
摘要：广告代理费　　用途：　　币种：人民币
交易机构：0110300421　记账柜员：00020　交易代码：45296　渠道：网上银行
附言：
支付交易序号：61157224　报文种类：大客户发起汇兑业务　委托日期：2024年12月1日
业务类型：普通汇兑　　指令编号：HQP14180654　　　　　提交人：王丽
本回单为第一次打印，注意重复　打印日期：2024年12月1日　打印柜员：06　验证码：OCBE6CA7786

图 3-19　中国工商银行业务回单（付款）

项目3 记账凭证的填制和审核

江苏省增值税专用发票

No 05787399

开票日期：2024 年 12 月 1 日

购买方	名　称：梁溪凌空股份有限公司					
	纳税人识别号：50700006876596547A					
	地址、电话：梁溪市台山路98号　0510-82676888					
	开户行及账号：中国工商银行梁溪台山支行　4300086754 66338765					

货物或应税劳务名称	规格型号	单位	数量	单价	金额	税率	税额
*现代服务*广告制作费					11 320.75	6%	679.25
合计					¥11 320.75		¥679.25

价税合计（大写）　⊗壹万贰仟元整　　　（小写）¥12 000

销售方	名　称：无锡光线传媒有限公司	备注
	纳税人识别号：91320200835934622A	
	地址、电话：无锡市文良路108号　0510-53694222	
	开户行及账号：中国农业银行无锡惠山支行　3232320000099666242	

收款人：　　复核人：　　开票人：陈兰　　销售方：（章）

图 3-20　江苏省增值税专用发票

【业务 11】

江苏省增值税专用发票

No 03287712

此联不作报销、扣款使用　　开票日期：2024 年 11 月 30 日

购买方	名　称：梁溪市东方公司
	纳税人识别号：432254400561262451
	地址、电话：梁溪市健康路211号　0510-55678866
	开户行及账号：中国工商银行梁溪城北支行　6001628612 43774564

货物或应税劳务名称	规格型号	单位	数量	单价	金额	税率	税额
*金属制品*凭证装订机		台	30	900	27 000	13%	3 510
合计					¥27 000		¥3 510

价税合计（大写）　⊗叁万零伍佰壹拾元整　　　（小写）¥30 510

销售方	名　称：梁溪凌空股份有限公司	备注
	纳税人识别号：50700006876596547A	
	地址、电话：梁溪市台山路98号　0510-82676888	
	开户行及账号：中国工商银行梁溪台山支行　4300086754 66338765	

收款人：　　复核人：　　开票人：张旭　　销售方：（章）

图 3-21　江苏省增值税专用发票

中国工商银行进账单（收账通知） 3

2024 年 11 月 30 日

收款人	全称	梁溪凌空股份有限公司	付款人	全称	梁溪市东方公司
	账号	430008675466338765		账号	600162861243774564
	开户银行	中国工商银行梁溪台山支行		开户银行	中国工商银行梁溪城北支行

金额	人民币（大写）叁万零伍佰壹拾元整	千 百 十 万 千 百 十 元 角 分
		¥ 3 0 5 1 0 0 0

票据种类	支票	票据张数	1 张
票据号码	09876502
单位主管	会计	复核	记账

中国工商银行 梁溪台山支行 2024.12.01 持票人办讫章（02）

此联是收款人开户银行交给收款人的收账通知

图 3-22 中国工商银行进账单（收账通知）

【业务 12】

梁溪凌空股份有限公司 费用报销单

购物（或业务往来）日期：2024 年 12 月 1 日　　　背面附原始凭证 3 张

	内 容	发票号	单 价	数 量	金 额
1	银行代发 12 月份工资				127 779
2					
3					

备注：

实报金额（大写）人民币壹拾贰万柒仟柒佰柒拾玖元整　　¥127 779

领导审批	缪建新	财务经理	庄薇	部门经理	黄玲	报销人	王风

报销日期：2024 年 12 月 1 日

图 3-23 梁溪凌空股份有限公司费用报销单

ICBC 中国工商银行 单位客户专用回单　　No 978

币别：人民币　　2024 年 12 月 1 日　　流水号：2765448736727865886

付款人	全称	梁溪凌空股份有限公司	收款人	全称	
	账号	430008675466338765		账号	
	开户行	中国工商银行梁溪台山支行		开户行	

金额	人民币（大写）壹拾贰万柒仟柒佰柒拾玖元整	千 百 十 万 千 百 十 元 角 分
		¥ 1 2 7 7 7 9 0 0

凭证种类	电子转账凭证	凭证号码	4665374689
结算方式	转账	用 途	工资

打印柜员：320654202
打印机构：中国工商银行梁溪台山支行
打印卡号：432000000012563

（借方凭证）（付款人回单）

打印时间：2024-12-01　　交易柜员　　交易机构：32176813

图 3-24 中国工商银行单位客户专用回单

➤ 45

项目3 记账凭证的填制和审核

```
        中国工商银行
       转账支票存根（苏）
         VI00437621

  附加信息ꪪꪪꪪꪪꪪꪪꪪꪪꪪꪪ
  ꪪꪪꪪꪪꪪꪪꪪꪪꪪꪪꪪꪪꪪꪪ
  ꪪꪪꪪꪪꪪꪪꪪꪪꪪꪪꪪꪪꪪꪪ

  出票日期：2024 年 12 月 1 日
  收款人：本单位工资户
  金　额：¥127 779
  用　途：银行代发12月份工资
  单位主管 缪建新    会计 林海
```

图 3-25　中国工商银行转账支票存根

表 3-2　工资结算汇总表

2024 年 12 月 　　　　　　　　　　　　　　　　　　　　单位：元

车间、部门		应付工资							代扣款项						实发工资
		计时工资	计件工资	加班工资	奖金	津贴补贴	缺勤扣款	合计	养老保险	公积金	医疗保险	失业保险	所得税	合计	
基本生产	生产工人	48 000	28 000	1 600	13 000	8 400	1 300	97 700	7 816	9 770	1 954	977	1 875	22 392	75 308
	管理人员	3 900		320	2 400	1 600		8 220	658	822	164	82	128	1 854	6 366
辅助生产	机修车间	3 450		360	1 475	1 375	160	6 500	520	650	130	65		1 365	5 135
	蒸汽车间	3 800		320	1 800	1 575	205	7 290	583	729	146	73		1 531	5 759
行政管理人员		10 600		1 300	6 645	5 770		24 315	1 945	2 432	486	243	540	5 646	18 669
销售人员		4 200			1 750	1 690		7 640	611	764	153	76	179	1 783	5 857
工程施工人员		8 800			2 900	2 375	280	13 795	1 103	1 379	276	138	214	3 110	10 685
合计		82 750	28 000	3 900	29 970	22 785	1 945	165 460	13 236	16 546	3 309	1 654	2 936	37 681	127 779

审批：缪建新　　　　　　　制单：龚丽娜　　　　　　　复核：林海

（注：工资结算明细表略。）

三、实训要求

（1）审核原始凭证并判断经济业务内容。

（2）编制记账凭证。

四、实训设计

【形式】要求同桌两人一组进行分析、讨论,审核原始凭证并判断其经济业务内容。

【准备】记账凭证(见图 3-26 至图 3-38)。

【评价】本实训将教师评价与学生(同桌)评价相结合,记账凭证的填制和审核评价表如表 3-3 所示。

五、实训单据

业务 1 的经济业务内容:

业务 2 的经济业务内容:

业务 3 的经济业务内容:

业务 4 的经济业务内容:

业务 5 的经济业务内容:

业务 6 的经济业务内容:

业务 7 的经济业务内容:

业务 8 的经济业务内容:

业务 9 的经济业务内容:

业务 10 的经济业务内容:

业务 11 的经济业务内容:

业务 12 的经济业务内容:

【业务1】

付款凭证

贷方科目：　　　　　　　　　　　年　月　日　　　　　　　____付字第　号

摘　要	借方科目	明细科目	金　额									√
			十	万	千	百	十	元	角	分	
合　　计											

会计主管：　　　　记账：　　　　复核：　　　　出纳：　　　　制单：

图 3-26　付款凭证

【业务2】

收款凭证

借方科目：　　　　　　　　　　　年　月　日　　　　　　　____收字第　号

摘　要	贷方科目	明细科目	金　额									√
			十	万	千	百	十	元	角	分	
合　　计											

会计主管：　　　　记账：　　　　复核：　　　　出纳：　　　　制单：

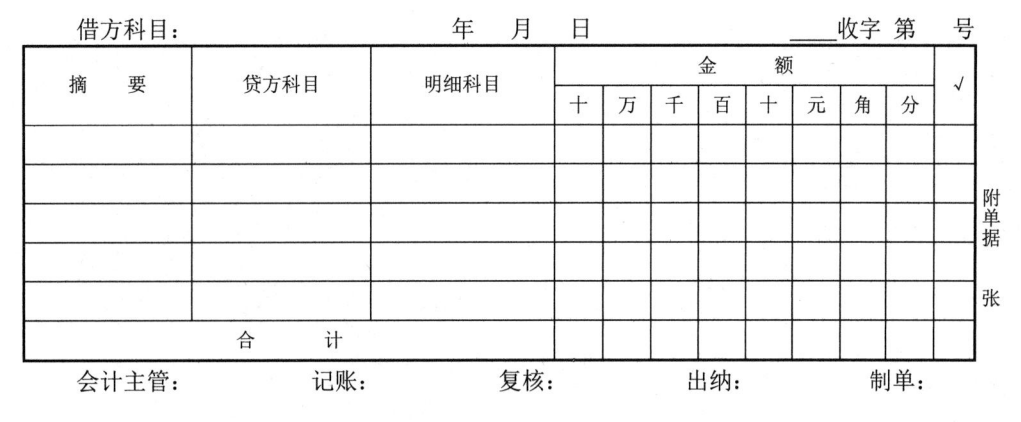

图 3-27　收款凭证

转账凭证

年　月　日　　　　　　　转字第　号

摘要	借　方		√	贷　方		√	金　额						
	总账科目	明细科目		总账科目	明细科目		十	万	千	百	十	元	角	分
合　　计														

会计主管：　　　　记账：　　　　复核：　　　　　　　　　　制单：

图 3-28　转账凭证

【业务3】 收款凭证

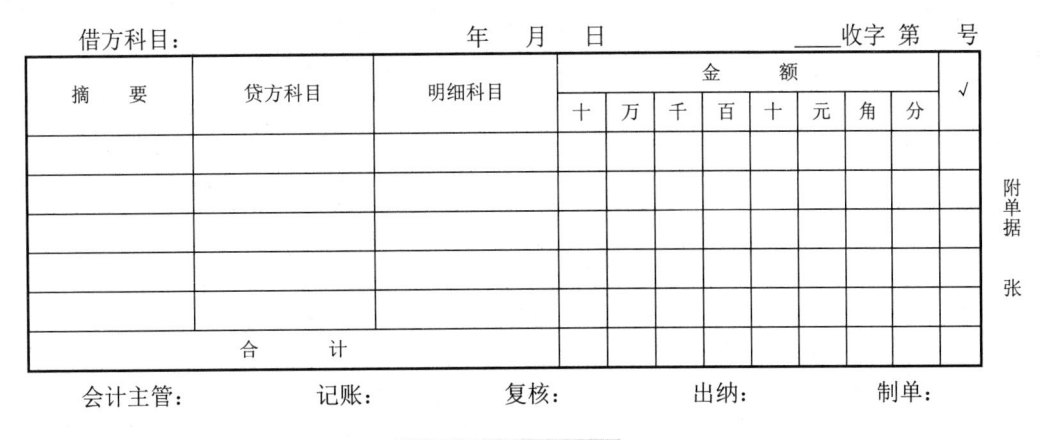

图 3-29　收款凭证

【业务4】 付款凭证

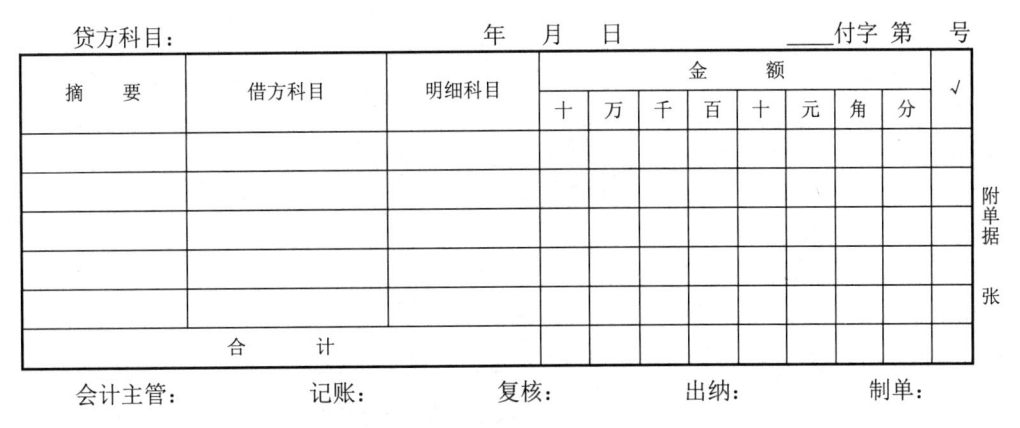

图 3-30　付款凭证

【业务5】 付款凭证

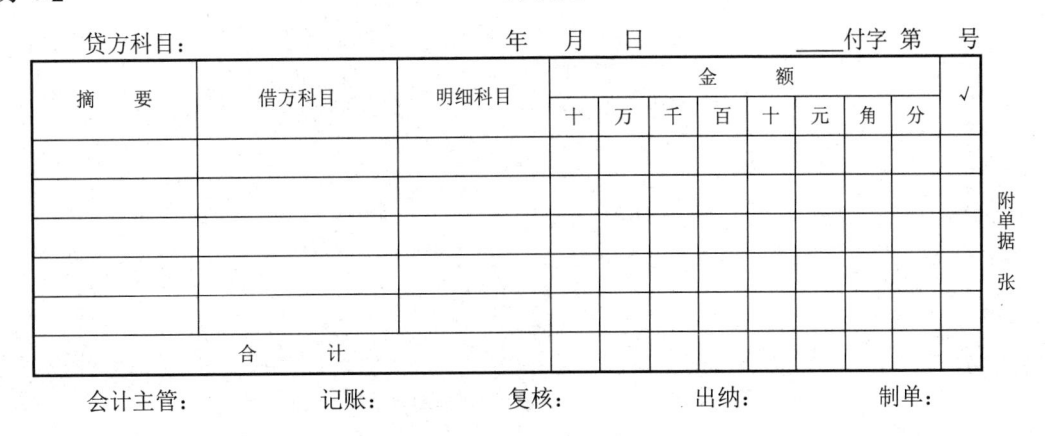

图 3-31　付款凭证

【业务6】

付款凭证

贷方科目：　　　　　　　　　　　　　年　月　日　　　　　付字第　号

摘要	借方科目	明细科目	金额									√
			十	万	千	百	十	元	角	分		
合　　计												

附单据　　张

会计主管：　　　记账：　　　复核：　　　出纳：　　　制单：

图 3-32 付款凭证

【业务7】

付款凭证

贷方科目：　　　　　　　　　　　　　年　月　日　　　　　付字第　号

摘要	借方科目	明细科目	金额									√
			十	万	千	百	十	元	角	分		
合　　计												

附单据　　张

会计主管：　　　记账：　　　复核：　　　出纳：　　　制单：

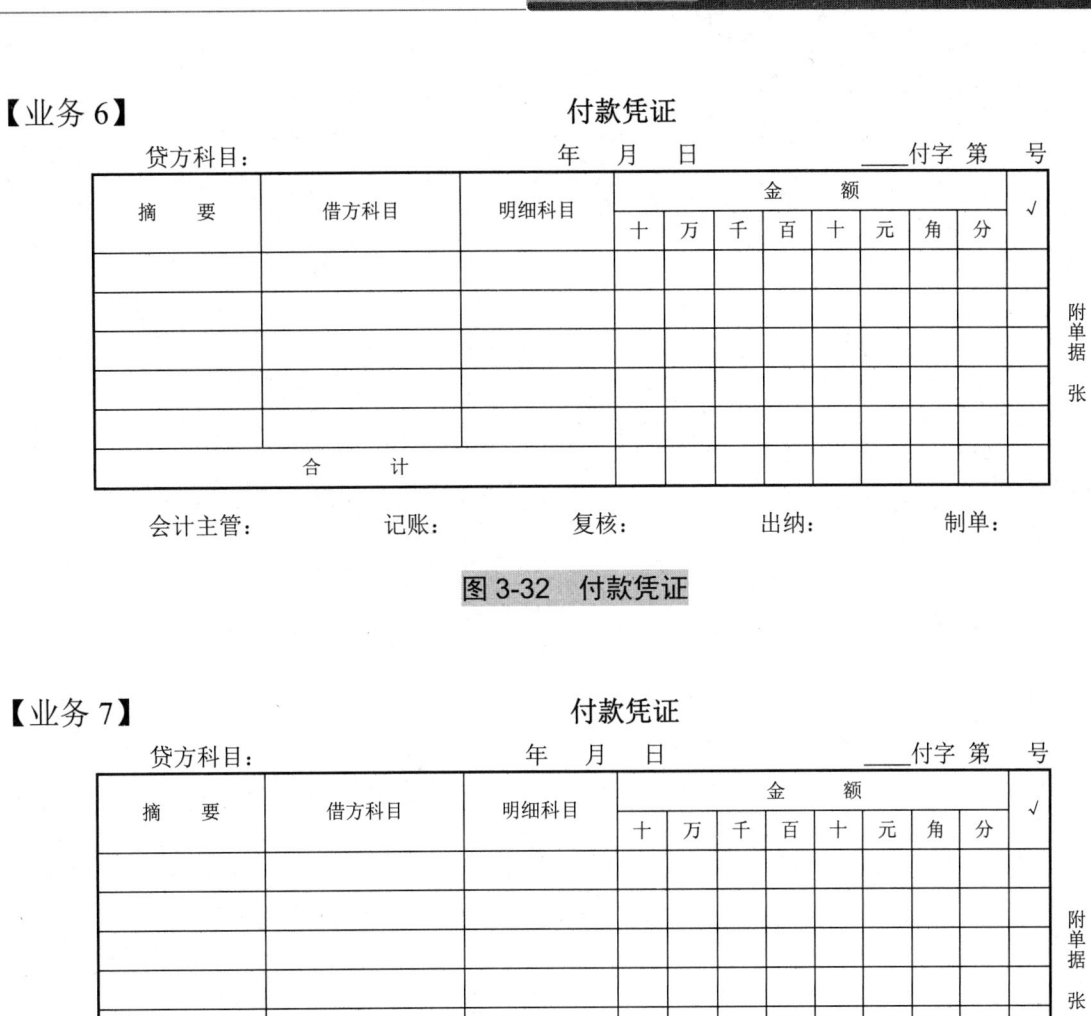

图 3-33 付款凭证

【业务8】

收款凭证

借方科目：　　　　　　　　　　　　　年　月　日　　　　　收字第　号

摘要	贷方科目	明细科目	金额									√
			十	万	千	百	十	元	角	分		
合　　计												

附单据　　张

会计主管：　　　记账：　　　复核：　　　出纳：　　　制单：

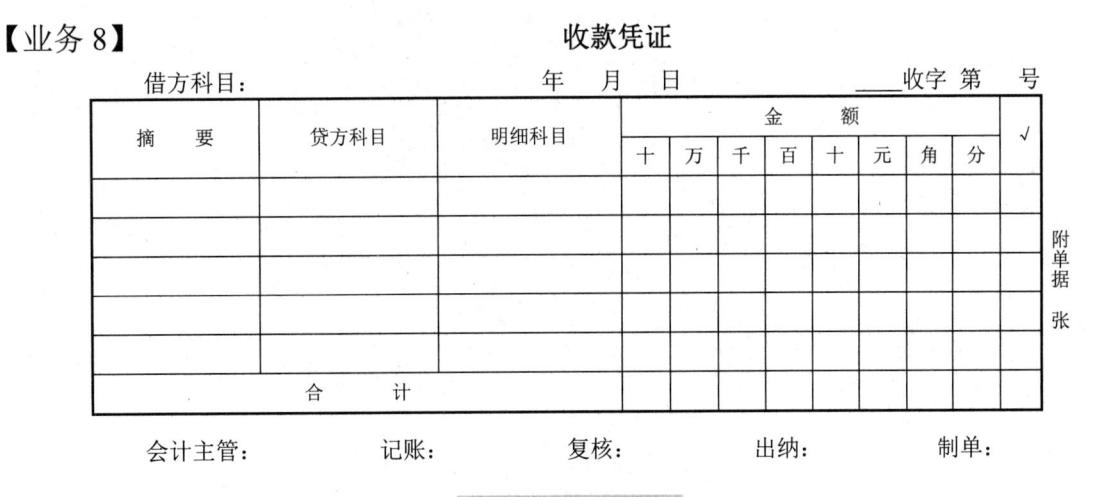

图 3-34 收款凭证

【业务9】

付款凭证

贷方科目：　　　　　　　　　　　　　年　月　日　　　　　　____付字第　号

摘要	借方科目	明细科目	金额								√
			十	万	千	百	十	元	角	分	
合　计											

附单据　张

会计主管：　　　　记账：　　　　复核：　　　　出纳：　　　　制单：

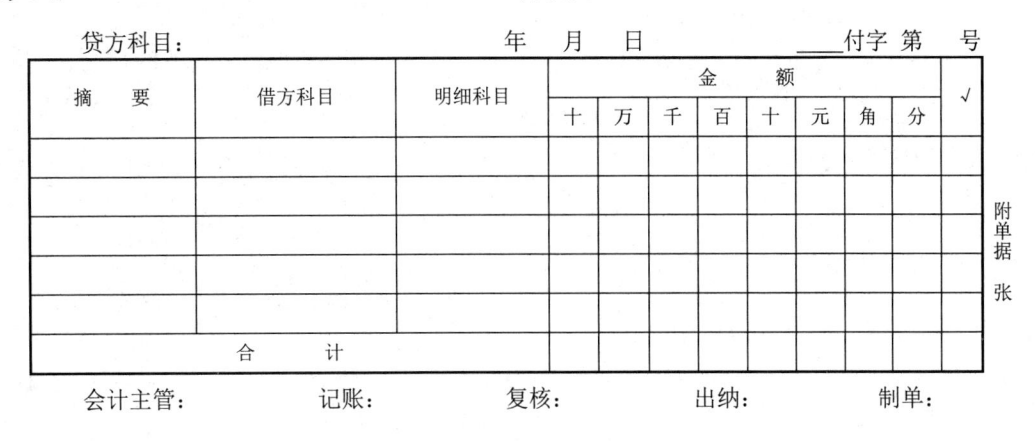

图 3-35　付款凭证

【业务10】

付款凭证

贷方科目：　　　　　　　　　　　　　年　月　日　　　　　　____付字第　号

摘要	借方科目	明细科目	金额								√
			十	万	千	百	十	元	角	分	
合　计											

附单据　张

会计主管：　　　　记账：　　　　复核：　　　　出纳：　　　　制单：

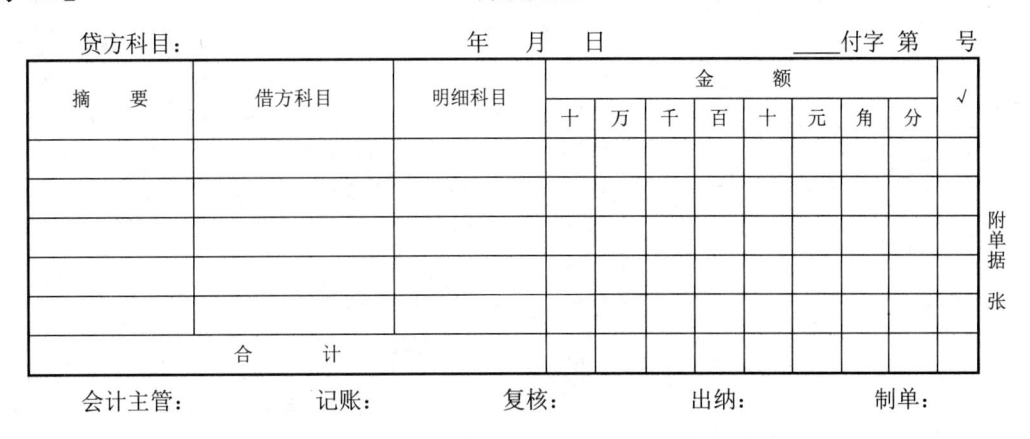

图 3-36　付款凭证

【业务11】

收款凭证

借方科目：　　　　　　　　　　　　　年　月　日　　　　　　____收字第　号

摘要	贷方科目	明细科目	金额								√
			十	万	千	百	十	元	角	分	
合　计											

附单据　张

会计主管：　　　　记账：　　　　复核：　　　　出纳：　　　　制单：

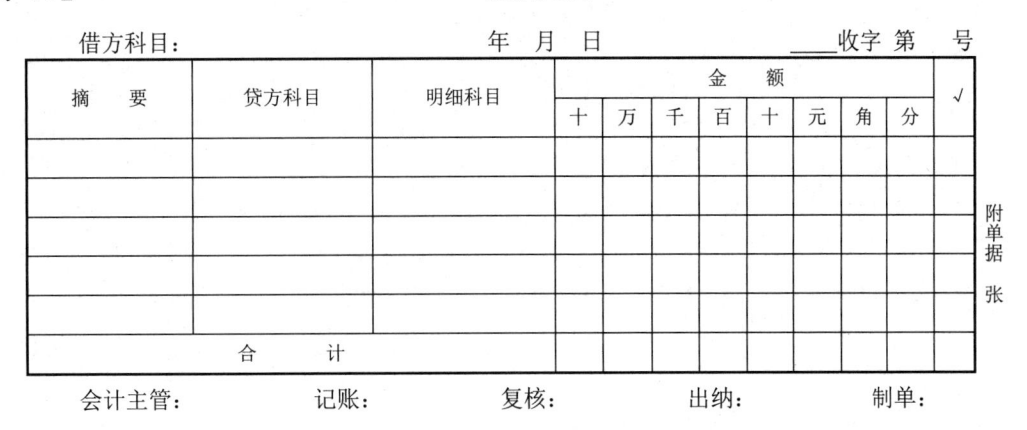

图 3-37　收款凭证

【业务 12】

付款凭证

摘要	借方科目	明细科目	金额								√
			十	万	千	百	十	元	角	分	
合　　计											

贷方科目：　　　　　　　　　　年　月　日　　　　　付字第　号

附单据　　张

会计主管：　　　记账：　　　复核：　　　出纳：　　　制单：

图 3-38　付款凭证

实训 2　记账凭证的审核与装订

一、实训目的

（1）能审核记账凭证。
（2）能装订记账凭证。

二、实训资料

2024 年 12 月 1 日，该企业制单员华刚编制的记账凭证如实训 1 所示。

三、实训要求

（1）同桌互相审核实训 1 编制的记账凭证并在复核处签字。
（2）把实训 1 编制的记账凭证进行装订并填写记账凭证封面与包角纸。

四、实训设计

【形式】要求同桌二人一组进行分析、讨论，审核记账凭证并装订。

【准备】记账凭证封面 1 套（封面与封底），包角纸 1 个；装订线、胶水、打孔机、印泥与骑缝章等。

【评价】本实训由教师评价与学生（同桌）评价相结合，记账凭证的填制和审核评价表如表 3-3 所示。

表 3-3　记账凭证的填制和审核评价表

评价项目	分值/分	评分/分
业务 1：记账凭证的填制	6	
业务 2：记账凭证的填制	6	
业务 3：记账凭证的填制	6	
业务 4：记账凭证的填制	6	
业务 5：记账凭证的填制	6	
业务 6：记账凭证的填制	6	
业务 7：记账凭证的填制	6	
业务 8：记账凭证的填制	6	
业务 9：记账凭证的填制	6	
业务 10：记账凭证的填制	6	
业务 11：记账凭证的填制	6	
业务 12：记账凭证的填制	6	
记账凭证的审核	6	
记账凭证的装订	15	
训练态度（同桌评价）	7	
合计	100	

项目 4　现金收支业务的处理

出纳员真的是一把算盘、一把钞票走天下吗？答案当然是否定的。出纳员主要负责现金的收入与支出，但这并不只是简单的收银工作，还包括填制和审核凭证、加盖"现金收讫""现金付讫"印章、登记现金日记账等工作。一位优秀的出纳员，在柜台上收付现金、填制和审核凭证、加盖印章、登记现金日记账等系列动作连贯优美，常常令人目不暇接，仿佛在进行一次高水平的个人艺术表演！

现金收支业务的处理不仅注重操作的正确性，还注重一系列操作的连贯性。亲爱的同学们，如果你渴望在职场上从容自若，就让我们一起全身心地投入训练中吧！

一、实训目的

（1）能描述现金收支业务的处理程序。
（2）能根据现金收支业务进行原始凭证的填制与审核。

二、实训资料

1．企业有关情况

（1）单位名称：梁溪凌空股份有限公司（一般纳税人）；纳税人识别号：50700006876596547A。
（2）法人代表：缪建新；财务主管：庄薇。
（3）会计：林海；出纳员：王风。
（4）单位地址及电话：梁溪市台山路98号，0510-82676888。
（5）开户行及账号：中国工商银行梁溪台山支行，430008675466338765。

2．企业有关经济业务

2024年6月2日，该企业有关经济业务如下。

【业务1】销售产品，收取现金业务的处理步骤如下。

（1）审核单据：审核销售产品获得的江苏省增值税专用发票（见图4-1）。
（2）收取款项：清点并复点现金，妥善保管好现金。
（3）开具收据：审核无误后开具收据（见图4-2）并加盖"现金收讫"印章。
（4）移交凭证：将本业务单据移交给会计林海以编制收款凭证（见图4-3）。
（5）登日记账：根据审核后的收款凭证登记现金日记账（见表4-1）。
（6）送存银行：收到的销售产品现金当日送存银行。

江苏省增值税专用发票

No 03287812

此联不作报销、扣款使用　　开票日期：2024年6月2日

购买方	名　　　称：梁溪市东方文具用品商店 纳税人识别号：32120000456126034 地址、电话：梁溪市中山北路88号　0510-84708856 开户行及账号：交通银行第一营业处　203641138011343213	密码区	

货物或应税劳务名称	规格型号	单位	数量	单价	金额	税率	税额
*金属制品*增压器		台	2	900	1 800	13%	234
合计					1 800		234

价税合计（大写）	⊗贰仟零叁拾肆元整　　　（小写）¥2 034

销售方	名　　　称：梁溪凌空股份有限公司 纳税人识别号：50700006876596547A 地址、电话：梁溪市台山路98号　0510-82676888 开户行及账号：中国工商银行梁溪台山支行　430008675466338765	备注	（发票专用章）

收款人：王风　　复核人：　　开票人：张旭　　销售方：（章）

第一联：记账联　销售方记账凭证

图 4-1　江苏省增值税专用发票

收　　据

No

年　月　日

交款单位_____　　　　　收款方式_____
人民币（大写）_____　　¥_____
收款事由_____

年　月　日

单位盖章　　财务主管　　记账　　出纳　　审核　　经办

三　记账联

图 4-2　收据

收款凭证

借方科目：　　　　　　　　　年　月　日　　　　　收字第　号

摘　要	贷方科目	明细科目	金　额	√
			十 万 千 百 十 元 角 分	
		合　　计		

会计主管：　　　记账：　　　复核：　　　出纳：　　　制单：

附单据　　张

图 4-3　收款凭证

项目4 现金收支业务的处理

【业务2】出差费用报销涉及的转账业务与现金收入业务的处理步骤如下。

（1）指导填单：指导何强填写梁溪凌空股份有限公司出差费用报销单并经领导审核批准。

（2）审核单据：审核何强填写的梁溪凌空股份有限公司出差费用报销单（见图4-4）及所附的原始凭证（略）。

（3）收取款项：收回何强交来的多余款并复点，妥善保管好。

（4）开具收据：审核无误后开具收据（见图4-5）并加盖"现金收讫"印章，将收据付款人联与借款单交给何强。

（5）移交凭证：将本业务单据移交给会计林海以编制记账凭证（见图4-6和图4-7）。

（6）登日记账：根据审核后的记账凭证登记现金日记账（见表4-1）。

梁溪凌空股份有限公司　出差费用报销单

出差事由		去彭城开会		填报日期：2024年6月2日				附原始凭证 5 张			
月	日	起止时间	起讫地点	车船费		途中补贴	住勤补贴		误餐补贴		旅馆费	市内交通费	行李搬运费	其他
				车次	金额	金额	天数	金额	中	晚	金额				
5	30	午 时 分 午 时 分	梁溪至彭城		160									
6	1	午 时 分 午 时 分	彭城至梁溪		160			540				700			
支 出 小 计					320			540				700			
预支金额	1 600	应付退（√）金额	40	支出金额（大写）				人民币 壹仟伍佰陆拾元整							
领导审核	穆建新		财务经理	庄薇		部门经理		张莉		报销人		何强			

图4-4 梁溪凌空股份有限公司出差费用报销单

收　据　　　　　　　　　　　　　　No

　　　　　　　　　　　年　月　日

交款单位＿＿＿＿＿＿＿＿　　　　收款方式＿＿＿＿＿＿
人民币（大写）＿＿＿＿＿＿＿＿　　￥＿＿＿＿＿＿＿
收款事由 ＿＿＿＿＿＿＿＿＿＿＿＿＿＿＿＿＿＿＿＿＿
　　　　　　　　　　　　　　　　　　年　月　日

单位盖章　　财务主管　　记账　　出纳　　审核　　经办

三记账联

图4-5 收据

收款凭证

借方科目：　　　　　　　　　　年　月　日　　　　　　　　收字第　号

摘要	贷方科目	明细科目	金额								
			十	万	千	百	十	元	角	分
	合　计									

附单据　张

会计主管：　　　　　记账：　　　　　复核：　　　　　出纳：　　　　　制单：

图 4-6　收款凭证

转账凭证

年　月　日　　　　　　　　　　　转字第　号

摘要	借方		√	贷方		√	金额								
	总账科目	明细科目		总账科目	明细科目		十	万	千	百	十	元	角	分
	合　计														

附单据　张

会计主管：　　　　　记账：　　　　　复核：　　　　　制单：

图 4-7　转账凭证

【业务 3】从银行提取现金业务（提取现金 20 000 元作为备用金）的处理步骤如下。
（1）查询余额：查询余额，确定银行存款余额大于所要提取的金额。
（2）填登记簿：登记现金支票使用登记簿。
（3）签发支票：根据支票领用单填写中国工商银行现金支票（苏）（见图 4-8 所示）。
（4）取现保管：到银行提取现金，回单位后妥善保管好现金。
（5）移交凭证：将本业务单据移交给会计林海以编制付款凭证（见图 4-9）。
（6）登日记账：根据审核后的（银行存款）付款凭证登记现金日记账（见表 4-1）。

中国工商银行

现金支票存根　（苏）

VI

附加信息

出票日期　年　月　日

收款人：
金　额：
用　途：

单位主管　　会计

中国工商银行　现金支票（苏）　VI

出票日期（大写）　年　月　日　　付款行名称：

收款人：　　出票人账号：

人民币（大写）	十	万	千	百	十	元	角	分

本支票付款期限十天

用途

上列款项请从

我账户内支付

出票人签章　　复核　　记账

图 4-8　中国工商银行现金支票（苏）

付款凭证

贷方科目：　　年　月　日　　付字 第　号

摘　要	借方科目	明细科目	金额								√
			十	万	千	百	十	元	角	分	
合　计											

附单据　张

会计主管：　记账：　复核：　出纳：　制单：

图 4-9　付款凭证

【业务 4】借出备用金业务的处理步骤如下。

（1）指导填单：指导吴章填写借款申请单，并取得领导审核批准。

（2）审核单据：审核吴章填写的借款申请单（见图 4-10）。

（3）加盖印章：在审核无误后的借款申请单上加盖“现金付讫”印章。

（4）取现支付：取出现金 6 000 元进行复点后付给吴章。

（5）移交凭证：将本业务单据移交给会计林海以编制付款凭证（见图 4-11）。

（6）登日记账：根据审核后的付款凭证登记现金日记账（见表 4-1）。

借款申请单

2024 年 6 月 2 日

借款单位	办公室吴章						
用途	出差滨海市预借差旅费						
金额（大写）	人民币陆仟元整			¥6 000			
还款计划	2024 年 6 月 10 日						
领导批准	穆建新	财务审批	左薇	部门审批	杨汉东	出纳付款	王凤
借款人	吴章			备注			

图 4-10　借款申请单

付款凭证

贷方科目：　　　　　　　　　　年　月　日　　　　　付字第　号

摘　要	借方科目	明细科目	金　额	√
			十 万 千 百 十 元 角 分	
合　计				

会计主管：　　　　记账：　　　　复核：　　　　出纳：　　　　制单：

附单据　　张

图 4-11　付款凭证

【业务 5】费用报销业务的处理步骤如下。

（1）指导填单：指导陆浩国填写梁溪凌空股份有限公司费用报销单，并经领导审批。

（2）审核单据：审核陆浩国填写的梁溪凌空股份有限公司费用报销单（见图 4-12）、江苏省增值税专用发票（见图 4-13）；在审核无误后的费用报销单上加盖"现金付讫"印章。

（3）支付现金：取出现金并进行复点后付给陆浩国。

（4）移交凭证：将本业务单据移交给会计林海以编制付款凭证（见图 4-14）。

（5）登日记账：根据审核后的付款凭证登记现金日记账（见表 4-1）。

梁溪凌空股份有限公司费用报销单

购物（或业务往来）日期：	2024 年 6 月 2 日		背面附原始凭证 1 张		
	内　　容	发票号	单价	数量	金　额
1	咨询服务费	03288298			1 200
2					
3					
4					
备注：					
实报金额（大写）人民币壹仟贰佰元整			¥1 200		
领导审批	穆建新	财务经理	庄薇	部门经理	方敏	报销人	陆浩园

图 4-12　梁溪凌空股份有限公司费用报销单

江苏省增值税专用发票　　No 03288298

开票日期：2024 年 6 月 2 日

购买方	名　　称：梁溪凌空股份有限公司 纳税人识别号：50700006876596547A 地　址、电话：梁溪市台山路 98 号　0510-82676888 开户行及账号：中国工商银行梁溪台山支行 430008675466338765	密码区	
货物或应税劳务名称	规格型号	单位	数量	单价	金额	税率	税额
*现代服务*咨询服务费					1 132.08	6%	67.92
合计					¥1 132.08		¥67.92
价税合计（大写）	⊗壹仟贰佰元整		（小写）¥1 200				
销售方	名　　称：梁溪市财付通财税咨询有限公司 纳税人识别号：64323209966333342P 地　址、电话：梁溪市瑞塘路 15 号　0510-71106688 开户行及账号：中国工商银行无锡通扬支行 659600007522876645	备注	

收款人：　　　　　复核人：　　　　开票人：孙娟　　　销售方：（章）

图 4-13　江苏省增值税专用发票

付款凭证

贷方科目：　　　　　　　　　年　月　日　　　　　　　付字第　号

摘　要	借方科目	明细科目	金　　额							√
			十	万	千	百	十	元	角	分	
合　计										

会计主管：　　　　记账：　　　　复核：　　　　出纳：　　　　制单：

图 4-14　付款凭证

表 4-1 现金日记账

现金日记账

2024年		凭证号数	对方科目	摘要	收入（借方）金额	支出（贷方）金额	结存金额
月	日						
				承前页	236 807	237 447	4 560
6	1	现付1	管理费用	业务招待费		1 250	
	1	现收1	其他应收款	收回多余备用金	360		
	1	现付2	税金及附加	购买印花税票		65	
	1	现收2	主营业务收入等	销售商品	2 852		
	1	现付3	银行存款	存入银行		2 852	
	1			本日合计	3 212	4 167	3 605
				过次页	¥	¥	¥

注：结算凭证略

三、实训要求

（1）根据各项业务处理步骤的要求进行现金收支业务过程的模拟演练。

（2）本日结束，对现金日记账进行日结。

四、实训设计

【形式】三人（出纳员、会计、业务员）一组进行模拟演练，根据经济业务的发生情况进行模拟操作，结束后交换角色。

【准备】建议空白现金支票1张、收据2张、收款凭证2张、付款凭证3张、转账凭证1张、日记账1页（上述材料已提供，如条件许可，尽量使用仿真材料）。

【评价】本实训将教师评价、学生互评、自我评价相结合，现金收支业务的处理评价表如表 4-2 所示。

表 4-2 现金收支业务的处理评价表

阶　段	评价项目	分值/分	评分/分
作品完成情况评价	业务 1：填制原始凭证、记账凭证	10	
	业务 2：填制原始凭证、记账凭证	10	
	业务 3：填制原始凭证、记账凭证	10	
	业务 4：填制记账凭证	5	
	业务 5：填制记账凭证	5	
	登记现金日记账	10	
模拟操作评价	自我评价	10	
	学生互评	20	
	教师评价	20	
合计		100	

项目 5　银行存款收支业务的处理

出纳员每天要跑银行，办理进账、出账业务，同时将业务单位的收款、付款通知带回企业。出纳员面对的不仅是本企业的人，还要与开户行的柜台工作人员和其他企业的人员打交道，因此不仅要熟悉具体的业务流程，还要注意交通安全、财产安全和文明礼仪。一名出色的出纳员应具备较强的业务能力与沟通技巧，他是为企业资金加速周转保驾护航的使者。

同学们，让我们张开羽翼，一起飞翔，共同开启理想之门吧！

一、实训目的

（1）清楚各种银行转账结算方式的办理流程。
（2）能填制各种银行结算凭证。
（3）能编制各种结算方式下银行存款收付款凭证。

二、实训资料

1．企业有关情况

（1）单位名称：梁溪凌空股份有限公司（一般纳税人）；纳税人识别号：50700006876596547A。
（2）法人代表：缪建新；财务主管：庄薇。
（3）会计：林海；出纳员：王风。
（4）单位地址及电话：梁溪市台山路98号，0510-82676888。
（5）开户行及账号：中国工商银行梁溪台山支行，430008675466338765。

2．企业有关经济业务

2024年7月23日，该企业有关经济业务如下。

【业务1】收到转账支票业务的处理步骤如下。

（1）审核票据：审核销售科开具的江苏省增值税专用发票（见图5-1）、梁溪凌空股份有限公司销售单（代合同）（见图5-2）和梁溪永乐商贸有限公司业务员交来的交通银行转账支票（苏）（见图5-3）。

（2）填写支票：填写转账支票上的结算金额，找银行预留印鉴的保管人员在转账支票背面加盖印章，并填写结算金额。

（3）加盖印章：在审核无误后的增值税专用发票上加盖"银行收讫"印章，留下发票的记账联，将发票联、抵扣联及提货单交给客户。

（4）填进账单：填写中国工商银行进账单（收账通知）（见图5-4），持有其连同支票前往开户行办理入账手续。

（5）移交凭证：将本业务单据移交给会计林海以编制收款凭证（见图5-5）。

（6）登日记账：根据审核后的收款凭证登记银行存款日记账（见表5-3）。

江苏省增值税专用发票

No 03287912

此联不作报销、扣款使用　　开票日期：2024 年 7 月 23 日

购买方	名　　称：梁溪永乐商贸有限公司
	纳税人识别号：32125440056126907G
	地址、电话：梁溪市永乐路125号　0510-65678996
	开户行及账号：交通银行梁溪南长支行 203641138000567932

密码区

货物或应税劳务名称	规格型号	单位	数量	单价	金额	税率	税额
*金属制品*增压器		台	20	900	18 000	13%	2 340
合　　计					¥18 000		¥2 340

价税合计（大写）　⊗ 贰万零叁佰肆拾元整　　（小写）¥20 340

销售方	名　　称：梁溪凌空股份有限公司
	纳税人识别号：50700006876596547A
	地址、电话：梁溪市台山路98号　0510-82676888
	开户行及账号：中国工商银行梁溪台山支行 430008675466338765

备注：（发票专用章：梁溪凌空股份有限公司 50700006876596547A）

收款人：王风　　复核人：　　开票人：张丽　　销售方：（章）

第一联：记账联　销售方记账凭证

图 5-1　江苏省增值税专用发票

梁溪凌空股份有限公司

销 售 单（代合同）

地　　址：梁溪市台山路98号

电　　话：0510-82676888　　　　　　　　　　No 91622018

客户名称：梁溪永乐商贸有限公司

地址、电话：梁溪市永乐路125号 0510-65678996　　日期：2024 年 7 月 23 日

编号	名称	单位	数量	单价	金额	备注
2004	增压器	台	20	1 017	20 340	
合计　人民币（大写）贰万零叁佰肆拾元整					¥20 340	

会计联

销售经理：赵凯　会计：林海　经办人：陆国强　仓库：宋江　签收人：司凯

图 5-2　梁溪凌空股份有限公司销售单（代合同）

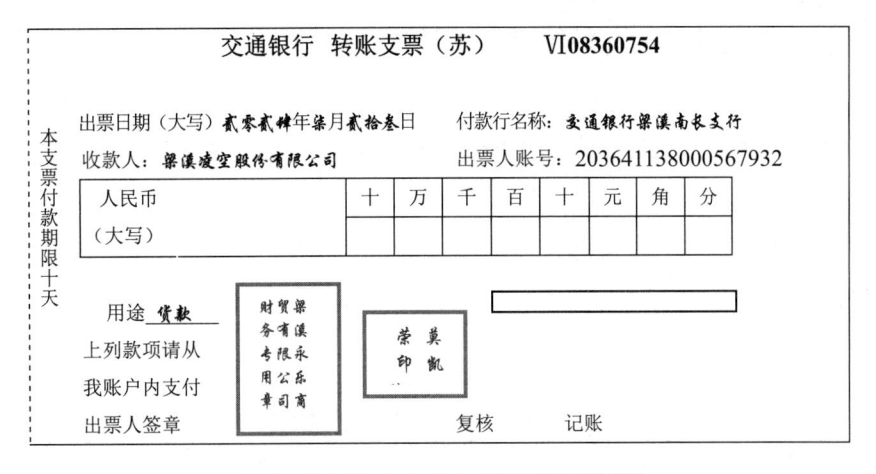

图 5-3 交通银行转账支票（苏）

图 5-4 中国工商银行进账单（收账通知）

图 5-5 收款凭证

【业务2】以转账支票支付款项业务的处理步骤如下。

（1）审核票据：审核梁溪凌空股份有限公司费用报销单（见图 5-6）和江苏省增值税专用发票（见图 5-7）。

（2）查询余额：查询银行存款余额，申请转账支票并登记转账支票使用登记簿（见表 5-1）。

（3）签发支票：填写中国工商银行转账支票（苏）（见图 5-8），将支票正联交给对方业务员。

（4）移交凭证：将本业务单据移交给会计林海以编制付款凭证（见图 5-9）。

（5）登日记账：根据审核后的付款凭证登记银行存款日记账（见表 5-3）。

梁溪凌空股份有限公司费用报销单

购物（或业务往来）日期：2024 年 7 月 23 日			背面附原始凭证 1 张		
	内　　容	发 票 号	单 价	数 量	金 额
1	广告费	05787234			9 270
2					
3					
实报金额（大写）人民币玖仟贰佰柒拾元整			¥9 270		
领导审批	缪建新	财务经理	庄薇	部门经理	苏华	报销人	雍明

图 5-6　梁溪凌空股份有限公司费用报销单

江苏省增值税专用发票　　No 05787434

开票日期：2024 年 7 月 23 日

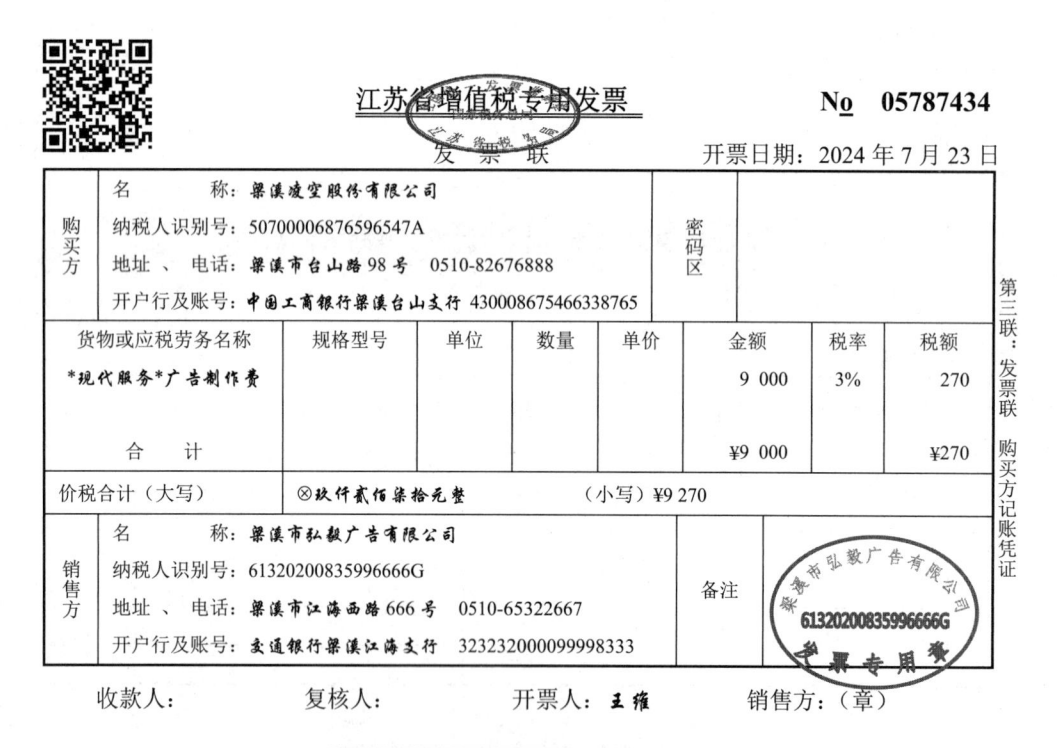

购买方	名　　称：梁溪凌空股份有限公司 纳税人识别号：50700006876596547A 地址、电话：梁溪市台山路98号　0510-82676888 开户行及账号：中国工商银行梁溪台山支行 430008675466338765	密码区	
货物或应税劳务名称	规格型号	单位	数量	单价	金额	税率	税额
*现代服务*广告制作费					9 000	3%	270
合　　计					¥9 000		¥270
价税合计（大写）	⊗玖仟贰佰柒拾元整			（小写）¥9 270			
销售方	名　　称：梁溪市弘毅广告有限公司 纳税人识别号：61320200835996666G 地址、电话：梁溪市江海西路666号　0510-65322667 开户行及账号：交通银行梁溪江海支行　3232320000099998333	备注	

收款人：　　　复核人：　　　开票人：王雅　　　销售方：（章）

图 5-7　江苏省增值税专用发票

表 5-1 转账支票使用登记簿

日期	转账支票号码	领用人	金额	用途	备注
2024 年 7 月 22 日	83660753	杨剑	¥80 000	货款	
2024 年 7 月 22 日	83660754	李大伟	¥30 000	货款	

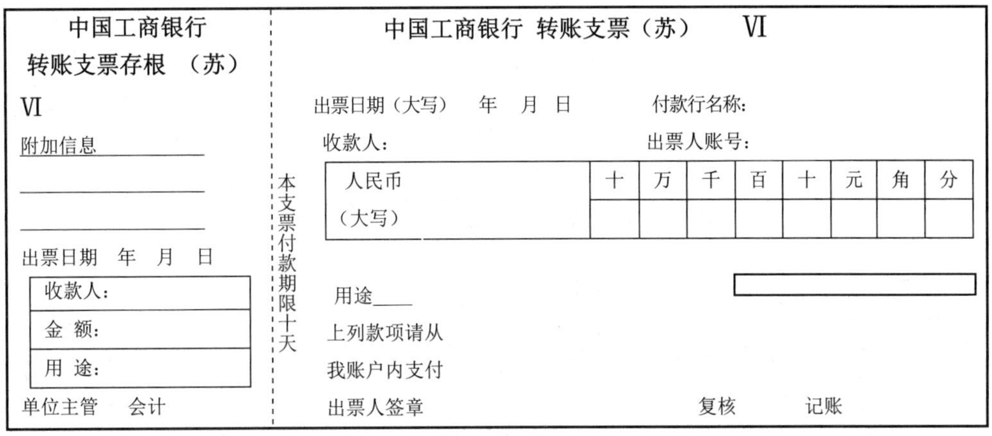

中国工商银行
转账支票存根 （苏）
Ⅵ
附加信息
出票日期 年 月 日
收款人：
金 额：
用 途：
单位主管 会计

本支票付款期限十天

中国工商银行 转账支票（苏） Ⅵ
出票日期（大写） 年 月 日 付款行名称：
收款人： 出票人账号：

人民币（大写）	十	万	千	百	十	元	角	分

用途____
上列款项请从
我账户内支付
出票人签章 复核 记账

图 5-8 中国工商银行转账支票（苏）

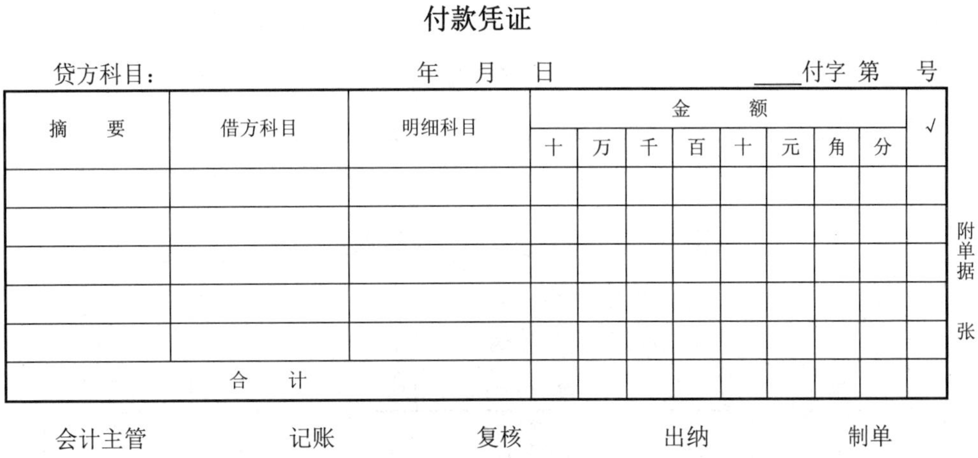

付款凭证

贷方科目： 年 月 日 ____付字 第 号

摘 要	借方科目	明细科目	金额 十	万	千	百	十	元	角	分	√
合 计											

附单据 张

会计主管 记账 复核 出纳 制单

图 5-9 付款凭证

【业务 3】办理银行汇票业务的处理步骤如下。

（1）审核单据：审核业务员交来的梁溪凌空股份有限公司付款申请书（见图 5-10）。

（2）查询余额：审核无误后查询银行存款余额，填制中国工商银行结算业务申请书（见图 5-11）。

（3）办理汇票：持中国工商银行结算业务申请书前往开户行，取得银行汇（本）票申请书回单和银行汇票，回单位后将银行汇票交给业务员。

（4）移交凭证：将本业务单据移交给会计林海以编制付款凭证（见图5-12）。

（5）登日记账：根据审核后的付款凭证登记银行存款日记账（见表5-3）。

梁溪凌空股份有限公司付款申请书

2024年7月23日

用途	金　额											收款单位:	彭城沙钢有限公司
支付货款	亿	千	百	十	万	千	百	十	元	角	分	账　　号:	320878540067987665
			¥	1	2	0	0	0	0	0	0	开户行:	中国农业银行彭城泰山支行
金额大写（合计）	人民币壹拾贰万元整											电汇□ 转账 □ 汇票□ 网银☑	
总经理	缪建新		财务部门	经理		庄薇			经办部门	经理		苏华
^	^		^	会计		林海			^	经办人		陆熠

图 5-10　梁溪凌空股份有限公司付款申请书

ICBC 中国工商银行结算业务申请书　　　　No

申请日期　　　年　　月　　日

业务类型				□银行汇票　□银行本票　□电汇		□转账　　　□现金									
申请人	全　称			.		收款人	全　称								
^	账　号					^	账　号									第一联　银行记账凭证
^	开户行					^	开户行									^
金额	（大写）						千	百	十	万	千	百	十	元	角	分	^
																^
申请人签章						支付密码										^
^						附加信息及用途				电汇时选择 普通□ 加急□							^

主管　　　　　　　　　　　复核　　　　　　　　　　　记账

图 5-11　中国工商银行结算业务申请书

付款凭证

贷方科目：　　　　　　　　　年　　月　　日　　　　　付字第　号

摘　　要	借方科目	明细科目	金　　额								√
^	^	^	十	万	千	百	十	元	角	分	^
	合　计										

会计主管　　　　　记账　　　　　复核　　　　　出纳　　　　　制单

图 5-12　付款凭证

项目5 银行存款收支业务的处理

【业务4】以银行汇票采购材料业务的处理步骤如下。

（1）审核单据：审核业务员交来的梁溪凌空股份有限公司费用报销单（见图5-13）、江苏省增值税专用发票（见图5-14）、彭城沙钢有限公司销售单（代合同）（见图5-15）、入库单（见图5-16）。

（2）核对金额：将购货金额与原办理的银行汇票金额核对，确定差额款，以备结清余款。

（3）移交凭证：将本业务单据移交给会计林海以编制转账凭证（见图5-17）。

梁溪凌空股份有限公司费用报销单

购物（或业务往来）日期：2024年7月23日			背面附原始凭证 3 张		
	内　　容	发票号	单价	数量	金额
1	货款	05788934	2 600	40	104 000
2	增值税	05788934			13 520
3					
实报金额（大写）人民币壹拾壹万柒仟伍佰贰拾元整					¥117 520
领导审批　穆建新	财务经理　庄薇		部门经理　苏华	报销人	雍明

图5-13　梁溪凌空股份有限公司费用报销单

江苏省增值税专用发票　　No 05788934

发票联　　开票日期：2024年7月22日

购买方	名　　称：梁溪凌空股份有限公司 纳税人识别号：50700006876596547A 地址、电话：梁溪市台山路98号　0510-82676888 开户行及账号：中国工商银行梁溪台山支行 430008675466338765	密码区			
货物或应税劳务名称	规格型号	单位	数量	单价	金额	税率	税额

货物或应税劳务名称	规格型号	单位	数量	单价	金额	税率	税额
*金属制品*合金钢		吨	40	2 600	104 000	13%	13 520
合　计					¥104 000		¥13 520

价税合计（大写）　⊗壹拾壹万柒仟伍佰贰拾元整　（小写）¥117 520

| 销售方 | 名　　称：彭城沙钢有限公司
纳税人识别号：60000056789345537Q
地址、电话：彭城市泰山路69号　0517-65322349
开户行及账号：中国农业银行彭城泰山支行　320878540067987665 | 备注 | |

收款人：　　　　复核人：　　　　开票人：崔强　　　　销售方：（章）

第三联：发票联　购买方记账凭证

图5-14　江苏省增值税专用发票

79

彭城沙钢有限公司
销 售 单（代合同）

地　　址：彭城市泰山路69号
电　　话：0517-65322349　　　　　　　　　　　　　　　№ 7130271
客户名称：梁溪凌空股份有限公司
地址电话：梁溪市台山路98号　0510-82676888　　　　　　日期：2024年7月22日

编号	名称	单位	数量	单价	金额	备注
2011	合金钢	吨	40	2 938	117 520	
合计　人民币（大写）壹拾壹万柒仟伍佰贰拾元整					¥117 520	

销售经理：乐凯　　会计：龚莉　　经办人：黄芳　　仓库：孙娟　　签收人：吕明

业务联

图5-15　彭城沙钢有限公司销售单（代合同）

入 库 单
2024年7月23日

交来单位	彭城沙钢有限公司	仓库	材料01号库	入库日期	2024年7月23日	
编号	名称及规格	单位	数量		金额	
			订购数量	实收数量	单价	金额
2011	合金钢	吨	40	40	2 600	104 000
	合　计					

部门经理：苏强　　会计：林海　　仓库：张来　　经办人：雍明

图5-16　入库单

转账凭证

年　月　日　　　　　　　　转字第　号

摘要	借方		√	贷方		√	金　额								
	总账科目	明细科目		总账科目	明细科目		十	万	千	百	十	元	角	分	
	合　计														

会计主管　　　　　　　记账　　　　　　　复核　　　　　　　制单

附单据　　张

图 5-17　转账凭证

【业务 5】收到银行汇票多余款业务的处理步骤如下。

（1）审核单据：审核银行转来的中国工商银行银行汇票（多余款项收账通知）（见图 5-18），与采购业务票据进行核对。

（2）移交凭证：将本业务单据移交给会计林海以编制收款凭证（见图 5-19）。

（3）登日记账：根据审核后的收款凭证登记银行存款日记账（见表 5-3）。

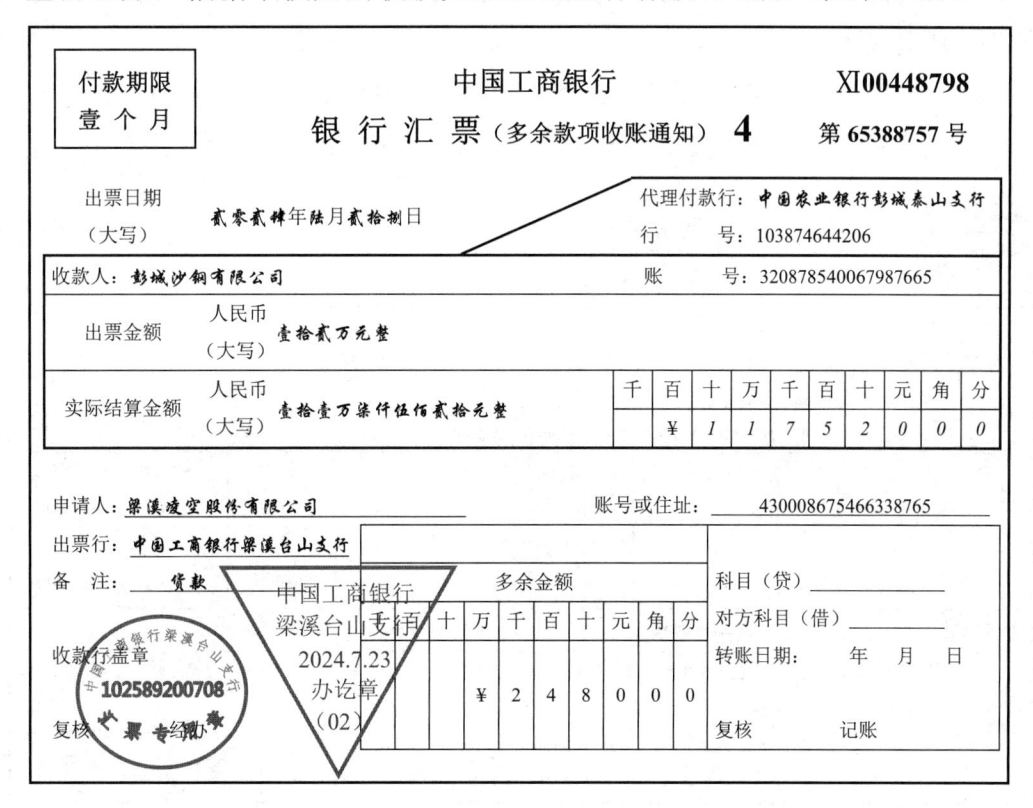

付款期限 壹个月	中国工商银行 银　行　汇　票（多余款项收账通知）4	XI00448798 第 65388757 号
出票日期（大写）	贰零贰肆年柒月贰拾捌日	代理付款行：中国农业银行彭城泰山支行 行　号：103874644206
收款人：彭城沙钢有限公司		账　号：320878540067987665
出票金额	人民币（大写）　壹拾贰万元整	
实际结算金额	人民币（大写）　壹拾壹万柒仟伍佰贰拾元整	千百十万千百十元角分 ¥ 1 1 7 5 2 0 0 0
申请人：梁溪凌空股份有限公司		账号或住址：430008675466338765
出票行：中国工商银行梁溪台山支行		
备　注：货款	多余金额 十万千百十元角分 ¥ 2 4 8 0 0 0	科目（贷）_____ 对方科目（借）_____ 转账日期：　年　月　日 复核　　　记账

收款行盖章：中国工商银行梁溪台山支行 2024.7.23 办讫章（02）

图 5-18　中国工商银行银行汇票（多余款项收账通知）

收款凭证

借方科目：　　　　　　　　　　　　年　月　日　　　　收字第　　号

摘要	贷方科目	明细科目	金额								√
			十	万	千	百	十	元	角	分	
	合　计										

会计主管　　　　　记账　　　　　复核　　　　　出纳　　　　　制单

图 5-19　收款凭证

【业务 6】销售商品收到银行汇票业务的处理步骤如下。

（1）审核单据：审核销售科开具的江苏省增值税专用发票（见图 5-20）、梁溪凌空股份有限公司销售单（代合同）（见图 5-21）和南海华瑞贸易有限公司业务员交来的中国农业银行银行汇票（见图 5-22）、中国农业银行银行汇票（解讫通知）（见图 5-23）。

（2）填写金额：填写银行汇票上的实际结算金额和多余金额。

（3）填进账单：填制中国工商银行进账单（收账通知）（见图 5-24），持有其连同银行汇票前往开户行办理入账手续。

（4）移交凭证：将本业务单据移交给会计林海以编制收款凭证（见图 5-25）。

（5）登日记账：根据审核后的收款凭证登记银行存款日记账（见表 5-3）。

江苏省增值税专用发票　　　　No 03287311

此联不作报销、扣款使用　　　开票日期：2024 年 7 月 23 日

购买方	名　称：南海华瑞贸易有限公司	密码区
	纳税人识别号：231254400056127356	
	地址、电话：佛山市向阳路12号　0757-42708458	
	开户行及账号：中国农业银行南海海峡支行　435640000006411667	

货物或应税劳务名称	规格型号	单位	数量	单价	金额	税率	税额
*金属制品*增压器		台	200	400	80 000	13%	10 400
合　计					80 000		10 400

价税合计（大写）	⊗玖万零肆佰元整　　（小写）¥90 400

销售方	名　称：梁溪凌空股份有限公司	备注
	纳税人识别号：50700006876596547A	
	地址、电话：梁溪市台山路98号　0510-82676888	
	开户行及账号：中国工商银行梁溪台山支行　4300086754663387654	

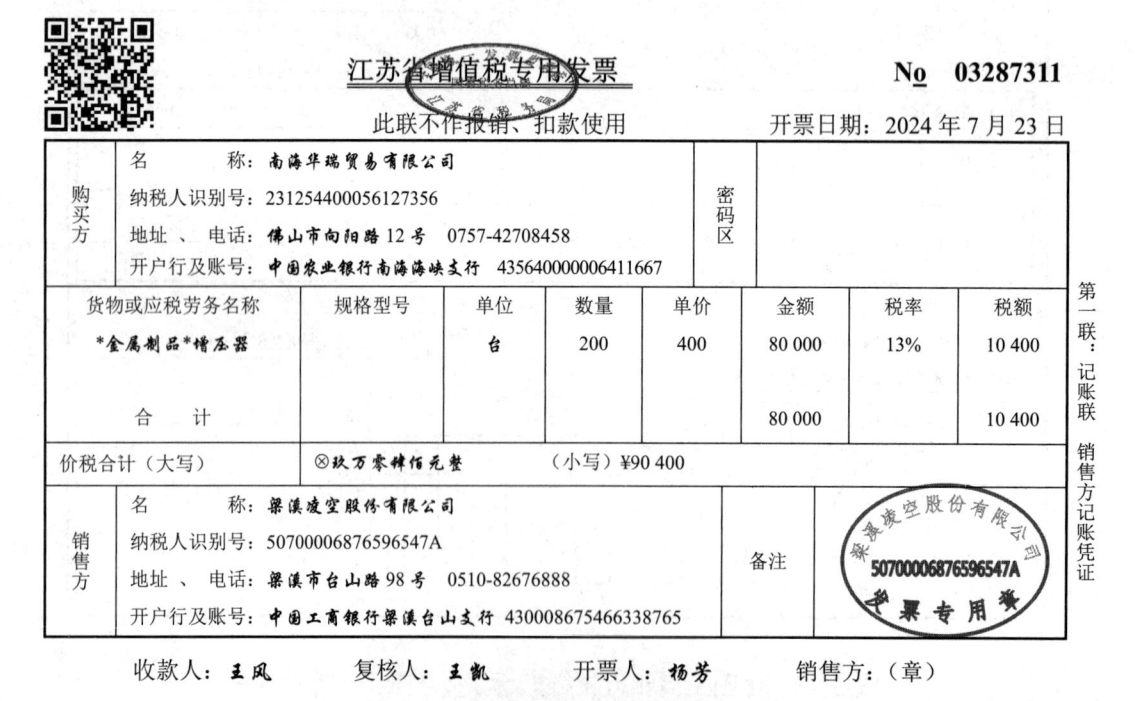

收款人：王凤　　复核人：王凯　　开票人：杨芳　　销售方：（章）

第一联：记账联　销售方记账凭证

图 5-20　江苏省增值税专用发票

梁溪凌空股份有限公司

销 售 单（代合同）

地　　址：梁溪市台山路98号

电　　话：0510-82676888　　　　No 91622067

客户名称：南海华瑞贸易有限公司

地址、电话：佛山市向阳路12号 0757-42708458　　　　日期：2024年7月23日

编号	名称	单位	数量	单价	金额	备注
2064	增压器	台	200	452	90 400	
合计	人民币（大写）玖万零肆佰元整				¥90 400	

会计联

销售经理：赵凯　会计：林海　经办人：陆国强　仓库：宋江　签收人：司凯

图 5-21　梁溪凌空股份有限公司销售单（代合同）

付款期限 壹个月

中国农业银行

银行汇票 2

XI03243234

第65389785号

出票日期（大写）　贰零贰肆年柒月零贰日

代理付款行：中国工商银行梁溪台山支行

行　　号：102302002017

收款人：梁溪凌空股份有限公司　　账　　号：430008675466338765

出票金额	人民币（大写）	壹拾万元整										
实际结算金额	人民币（大写）		千	百	十	万	千	百	十	元	角	分

申请人：南海华瑞贸易有限公司　　账号或住址：435640000006411667

出票行：中国农业银行南海海峡支行

备　注：货款

凭票付款

出票行签章

中国农业银行南海海峡支行 103588050101 汇票专用章

多余金额									
千	百	十	万	千	百	十	元	角	分

科目（贷）________

对方科目（借）________

转账日期：2024年8月2日

复核　　记账

图 5-22　中国农业银行银行汇票

中国农业银行 银行汇票（解讫通知）

XI03243234
第 65389785 号

付款期限 壹个月

出票日期（大写）：贰零贰肆年柒月零贰日
代理付款行：中国工商银行梁溪台山支行
行号：102302002017

收款人：梁溪凌空股份有限公司
账号：430008675466338765

出票金额：人民币（大写）壹拾万元整

实际结算金额：人民币（大写）

申请人：南海华瑞贸易有限公司
账号或住址：435646400000011667

出票行：中国农业银行南海海峡支行
备注：贷款

凭票付：
出票行签章：中国农业银行南海海峡支行 汇票专用章 103588050101

转账日期：2024 年 7 月 2 日

图 5-23　中国农业银行银行汇票（解讫通知）

中国工商银行进账单（收账通知）

3

年　月　日　　第　　号

出票人	全称		持票人	全称	
	账号			账号	
	开户银行			开户银行	

人民币（大写）　　千百十万千百十元角分

| 票据种类 | | 票据张数 | |
| 票据号码 | | | |

单位主管　会计　复核　记账　　持票人开户行盖章

此联是收款人开户银行交给收款人的收账通知

图 5-24　中国工商银行进账单（收账通知）

收款凭证

借方科目：　　　　年　月　日　　收字第　号

摘要	贷方科目	明细科目	金额 十万千百十元角分	√
		合计		

会计主管　记账　复核　出纳　制单

附单据　张

图 5-25　收款凭证

项目5 银行存款收支业务的处理

【业务7】收到银行转来的托收凭证业务的处理步骤如下。

（1）查看备款：出纳员应及时查看银行承兑汇票是否到期，在银行承兑汇票到期前将足额的票款存入存款账号。

（2）审核单据：出纳员从银行取得中国工商银行托收凭证（付款通知）（见图 5-26 所示），核对付款通知和银行承兑汇票的相关信息，确认无误后，把款项转给收款人。

（3）移交凭证：将本业务单据移交给会计林海以编制付款凭证（见图 5-27）。

（4）登日记账：根据审核后的付款凭证登记银行存款日记账（见表 5-3）。

		中国工商银行 托收凭证（付款通知）			5
		委托日期 2024 年 7 月 18 日			
业务类型	委托收款（□邮划、☑电划）		托收承付（□邮划、□电划）		
收款人	全 称	常州蓝天有限公司	付款人	全 称	梁溪凌空股份有限公司
	账 号	204315344565633352		账 号	430008675466338765
	开户行	中国工商银行常州郊区支行		开户行	中国工商银行梁溪台山支行
	地 址	常州市芳桥路 19 号		地 址	梁溪市台山路 98 号
金 额	人民币（大写）	壹拾贰万元整	千百十万千百十元角分		¥ 1 2 0 0 0 0 0 0
款项内容	货款	托收凭据名称	银行承兑汇票	附寄单证张数	1
商品发运情况	已发		合同名称号码	编号 202404225	
备注	款项收讫日期		收款人开户银行签章		
复核	记账		年 月 日		月 日

图 5-26 中国工商银行托收凭证（付款通知）

付款凭证

贷方科目：　　　　　　　　　　　年　月　日　　　付字第　号

摘 要	借方科目	明细科目	金　　额	√
			十万千百十元角分	
		合　计		

会计主管　　　　记账　　　　复核　　　　出纳　　　　制单

图 5-27 付款凭证

【业务8】托收银行承兑汇票款业务的处理步骤如下。

（1）提示付款：出纳员应定期查看相关备查簿，对即将到期的银行承兑汇票向承兑银行提示付款（汇票到期日起 10 日内）。

（2）填制托收凭证：出纳员应先在银行承兑汇票（见图 5-28）背面的"背书人签章"处

加盖银行预留印鉴并注明"委托收款"字样（见图 5-29）；填制中国工商银行托收凭证（贷方凭证）（见图 5-30），并在第二联上加盖银行预留印鉴。

（3）办理托收：出纳员先将银行承兑汇票复印两份（一份交会计，另一份由自己保管）；前往银行将中国工商银行托收凭证（贷方凭证）和银行承兑汇票交银行办理托收并取回托收凭证回单联。

（4）款项回笼：款项到达单位账户后，出纳员会在银行柜台取得中国工商银行托收凭证（收款通知）（见图 5-31）。

（5）移交凭证：将本业务单据移交给会计林海以编制收款凭证（见图 5-32）。

（6）登日记账：根据审核后的收款凭证登记银行存款日记账（见表 5-3）。

图 5-28　银行承兑汇票

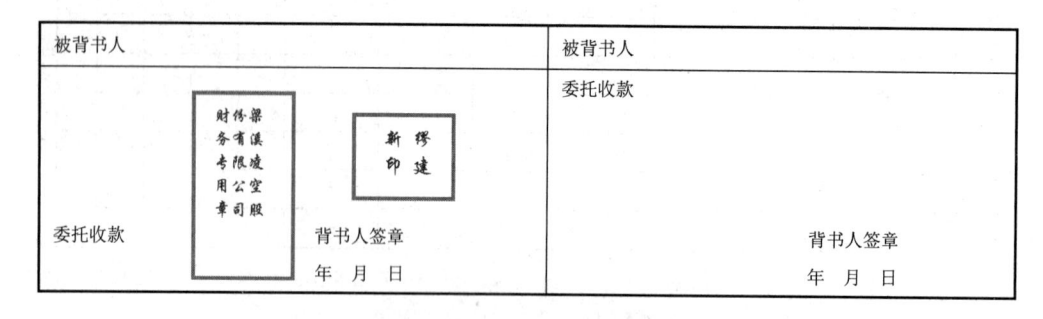

图 5-29　银行承兑汇票背面

ICBC 中国工商银行托收凭证（贷方凭证） 2

委托日期　年　月　日

业务类型	委托收款（□邮划、☑电划）　托收承付（□邮划、□电划）															
收款人	全称			付款人	全称											
	账号				账号											
	地址	省　市　开户行			地址	省　市　开户行										
金额	人民币（大写）					千	百	十	万	千	百	十	元	角	分	
款项内容		托收凭据名称			附寄单证张数											
商品发运情况					合同名称号码											
备注收款人开户银行收到日期　年　月　日		上列款项随附有关债务证明，请予办理。收款人签章							复核　记账							

此联是收款人开户银行作贷方凭证

图 5-30　中国工商银行托收凭证（贷方凭证）

ICBC 中国工商银行托收凭证（收款通知） 4

委托日期 2024 年 7 月 23 日

业务类型	委托收款（□邮划、☑电划）　托收承付（□邮划、□电划）															
收款人	全称	梁溪凌空股份有限公司		付款人	全称	苏州虎丘文具有限公司										
	账号	430008675466338765			账号	4256400641177767772										
	地址	江苏省梁溪市　开户行　中国工商银行梁溪台山支行			地址	江苏省苏州市　开户行　中国银行苏州虎丘路支行										
金额	人民币（大写）陆万元整					千	百	十	万	千	百	十	元	角	分	
								¥	6	0	0	0	0	0	0	
款项内容	货款	托收凭据名称	银行承兑汇票		附寄单证张数	1										
商品发运情况					合同名称号码											
备注收款人开户银行收到日期　年　月　日		上列款项已划回收入你方账户收款人行开户行 203588050101　收款人签章							复核　记账							

此联是收款人开户银行作收款通知

图 5-31　中国工商银行托收凭证（收款通知）

收款凭证

借方科目：			年 月 日								收字第 号	
摘 要	贷方科目	明细科目	金 额									√
			十万	万	千	百	十	元	角	分		
	合 计											

会计主管　　　　记账　　　　复核　　　　出纳　　　　制单

图 5-32　收款凭证

【业务 9】网银缴纳付款业务的处理步骤如下。

（1）录入清册：根据当月职工住房公积金扣缴情况，登录住房公积金公共服务平台录入当月变更和调整情况，进行汇缴录入。

（2）划拨款项：根据当月住房公积金代扣金额，将住房公积金汇缴款划拨到住房公积金的指定银行账户中。

（3）审核单据：审核中国工商银行客户专用回单（见图 5-33），并与梁溪凌空股份有限公司住房公积金缴存单位汇补明细（部分）（见表 5-2）核对。

（4）移交凭证：将本业务单据移交给会计林海以编制付款凭证（见图 5-34）。

（5）登日记账：根据审核后的银行存款付款凭证登记银行存款日记账（见表 5-3）。

ICBC　中国工商银行　单位客户专用回单　№ 969

币别：人民币　　　2024 年 7 月 23 日　　　流水号：2765448736727867432

付款人	全称	梁溪凌空股份有限公司	收款人	全称	惠山区公积金网上缴费银行托收挂账账户
	账号	430008675466338765		账号	320688999000653002
	开户行	中国工商银行梁溪台山支行		开户行	中国工商银行无锡惠山区支行营业部

金额	人民币（大写）陆万贰仟叁佰陆拾捌元整	千	百	十	万	千	百	十	元	角	分
				¥	6	2	3	6	8	0	0

凭证种类	电子转账凭证	凭证号码	4665374688
结算方式	转账	用途	住房公积金托收

打印柜员：310654202
打印机构：中国工商银行梁溪台山支行
打印卡号：432000000012674

（借方凭证）（付款人回单）

打印时间：2024-07-25　　　交易柜员：　　　交易机构：32176813

图 5-33　中国工商银行单位客户专用回单

表 5-2 梁溪凌空股份有限公司住房公积金缴存单位汇补明细（部分）

单位名称	梁溪凌空股份有限公司					
单位公积金代码	680033656					
序号	个人公积金账号	姓名	业务类别	汇补缴金额/元	缴存月份	入账日期
1	2065466326	缪建新	汇缴	2 468	202407	20240723
2	8005487627	庄薇	汇缴	1 732	202407	20240723
3	3245879254	林海	汇缴	846	202407	20240723
4	9067452522	张莉	汇缴	1 656	202407	20240723
5	1337865430	王凤	汇缴	984	202407	20240723
6	7653422906	龚丽敏	汇缴	638	202407	20240723

付款凭证

贷方科目：　　　　　　　　年　月　日　　　　　　付字第　号

摘要	借方科目	明细科目	金额	√
			十 万 千 百 十 元 角 分	
		合计		

会计主管　　　记账　　　复核　　　出纳　　　制单

图 5-34 付款凭证

【业务 10】网银支付所欠货款业务的处理步骤如下。

（1）审核单据：审核需经领导批准的付款申请书（见图 5-35）。

（2）网银支付：按管理权限进行网银支付。

（3）取得回单：网上交易成功后，出纳员在网上银行查找已经付款的信息，并打印中国工商银行单位客户专用回单（见图 5-36）。（注：出纳员也可以在交易成功后的第二天到银行柜台取回此回单）。

（4）移交凭证：将本业务单据移交给会计林海以编制付款凭证（见图 5-37）。

（5）登日记账：根据审核后的付款凭证登记银行存款日记账（见表 5-3）。

梁溪凌空股份有限公司付款申请书
2024 年 7 月 23 日

用 途	金 额											收款单位：	梁溪市滨湖钢管有限公司
	亿	千	百	十	万	千	百	十	元	角	分	账 号：	322232009977700342
支付欠货款					¥	5	6	5	0	0	0	开户行：	交通银行无锡滨湖支行
金额大写（合计）	人民币伍万陆仟伍佰元整											电汇□ 转账□ 汇票□ 网银☑	
总经理	缪建新	财务部门	经理	庄蔽	经办部门	经理	王峰
			会计	林海		经办人	鲁慕业

图 5-35 梁溪凌空股份有限公司付款申请书

ICBC 中国工商银行　单位客户专用回单　№ 978

币别：人民币　　2024 年 7 月 23 日　　流水号：2765448736727867432

付款人	全 称	梁溪凌空股份有限公司	收款人	全 称	梁溪市滨湖钢管有限公司
	账 号	430008675466338765		账 号	322232009977700342
	开户行	中国工商银行梁溪台山支行		开户行	交通银行无锡滨湖支行

金 额	人民币（大写）伍万陆仟伍佰元整	千	百	十	万	千	百	十	元	角	分
					¥	5	6	5	0	0	0

凭证种类	电子转账凭证	凭证号码	4665374689
结算方式	转账	用　途	货款

打印柜员：320654202
打印机构：中国工商银行梁溪台山支行
打印卡号：432000000012765

打印时间：2024-07-23　　交易柜员：　　交易机构：32176813

图 5-36 中国工商银行单位客户专用回单

付款凭证

贷方科目：　　　　　　　年　月　日　　　　　付字第　号

摘　要	借方科目	明细科目	金　额								√
			十	万	千	百	十	元	角	分	
合　计											

会计主管　　　　记账　　　　复核　　　　出纳　　　　制单

图 5-37 付款凭证

【业务 11】网银收款业务的处理步骤如下。

（1）审核单据：审核从银行取得的中国工商银行单位客户专用回单（见图 5-38）并核对往来明细账。

（2）移交凭证：将本业务单据移交给会计林海以编制收款凭证（见图5-39）。

（3）登日记账：根据审核后的收款凭证登记银行存款日记账（见表5-3）。

ICBC 中国工商银行　单位客户专用回单　№ 979

币别：人民币　　　　　2024年7月23日　　　　流水号：2765448736727869643

付款人	全称	梁溪市江海贸易有限公司	收款人	全称	梁溪凌空股份有限公司
	账号	2043153445500563338		账号	4300086754663338765
	开户行	中国工商银行梁溪旺庄路支行		开户行	中国工商银行梁溪台山支行

金额	人民币（大写）伍万陆仟伍佰元整	千百十万千百十元角分
		￥ 5 6 5 0 0 0 0

凭证种类	电子转账凭证	凭证号码	220248655
结算方式	转账	用途	货款

打印柜员：320654202
打印机构：中国工商银行梁溪台山支行
打印卡号：432000000012986

打印时间：2024-07-23　　交易柜员：　　交易机构：32176813

图5-38　中国工商银行单位客户专用回单

收款凭证

借方科目：　　　　　年　月　日　　　收字第　号

摘要	贷方科目	明细科目	金额	√
			十万千百十元角分	
	合计			

会计主管　　记账　　复核　　出纳　　制单

图5-39　收款凭证

表5-3　银行存款日记账

2024年		凭证号数	对方科目	摘要	收入（借方）金额	支出（贷方）金额	结存金额
月	日						
7	21			承前页	1 569 874	1 385 352	1 710 602
	22	银收32	应收账款	力远公司货款（网银#223）	211 600		
	22	银付76	销售费用等	弘毅单页广告（网银#335）		64 500	
				本日合计	211 600	64 500	1 857 702
				过次页	￥	￥	￥

三、实训要求

（1）根据各项业务处理步骤的要求进行银行存款收支业务过程的模拟演练。
（2）本日结束，对银行存款日记账进行日结。

四、实训设计

【形式】三人（出纳员、会计、业务员）一组进行模拟演练，根据经济业务的发生情况进行模拟操作，结束后交换角色。

【准备】建议空白转账支票 1 张、结算申请书 1 张、进账单 2 张、托收凭证 1 张、收款凭证 5 张、付款凭证 5 张、转账凭证 1 张、日记账 1 页（提供上述材料，如果条件许可，尽量使用仿真材料）。

【评价】本实训将教师评价、学生互评、自我评价相结合，银行存款收支业务的处理评价表如表 5-4 所示。

表 5-4 银行存款收支业务的处理评价表

阶段	评价项目	分值/分	评分/分
作品完成情况评价	业务 1：填制原始凭证、记账凭证	8	
	业务 2：填制原始凭证、记账凭证	8	
	业务 3：填制原始凭证、记账凭证	8	
	业务 4：填制记账凭证	4	
	业务 5：填制记账凭证	4	
	业务 6：填制原始凭证、记账凭证	8	
	业务 7：填制记账凭证	4	
	业务 8：填制原始凭证、记账凭证	8	
	业务 9：填制记账凭证	4	
	业务 10：填制记账凭证	4	
	业务 11：填制记账凭证	4	
	登记银行存款日记账	10	
模拟操作评价	自我评价	6	
	学生互评	10	
	教师评价	10	
合计		100	

项目 6　日记账的登记

出纳员除进行货币的收支和原始凭证的填制与审核外，还应登记日记账。日记账登记的质量是衡量出纳员业务水平的重要标志。

本项目包括三方面内容：现金日记账的登记、银行存款日记账的登记和单据移交表的编制。同学们将在本项目的学习中身临其境，感受到真实的职场。"山至高处人为峰，海到尽头天是岸"，如果你准备冲刺，渴望学到出纳的核心内容，那就让我们一起向山顶迈进吧！你愿意接受挑战吗？

实训 1 现金日记账的登记

一、实训目的

（1）能根据审核无误的记账凭证登记现金日记账。
（2）能进行现金日记账的日结和月结，能对现金日记账进行转页处理。

二、实训资料

（1）梁溪凌空股份有限公司 2024 年 7 月 1 日现金日记账的发生额及结存金额如下。

① 现金日记账第×页第 1 行的资料：时间为 7 月 1 日；摘要为"承前页"；收入（借方）金额为 87 250 元；支出（贷方）金额为 86 848 元；借方余额为 4 770 元。

② 现金日记账第×页第 12 行的资料：摘要为"本月合计"收入（借方）发生金额是 110 650 元，支出（贷方）金额是 108 667 元，结存金额是 6 351 元（库存限额是 15 000 元）。

（2）2024 年 7 月 2 日，会计林海根据 7 月 1 日的现金收支业务填制了记账凭证，相关付款凭证（一）、付款凭证（二）如图 6-1 和图 6-2 所示，简化记账凭证如表 6-1 所示。

付款凭证

贷方科目：库存现金　　　　2024 年 7 月 2 日　　　　现付字第 1 号

摘要	借方科目	明细科目	十	万	千	百	十	元	角	分	√
支付备用金	其他应收款	杨影			3	0	0	0	0	0	
	合　计			¥	3	0	0	0	0	0	

附单据 1 张

会计主管　　　记账　　　复核 庄薇　　　出纳 王凤　　　制单 林海

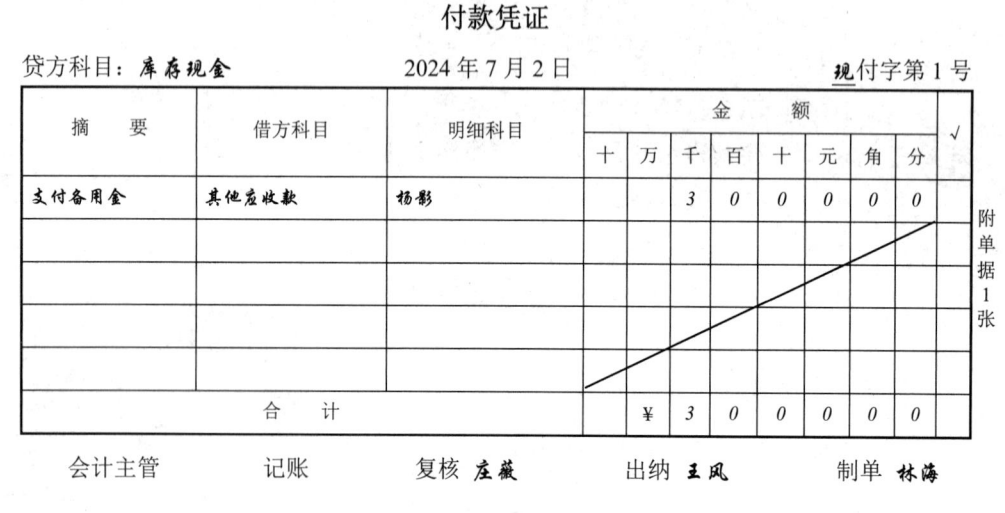

图 6-1　付款凭证（一）

付款凭证

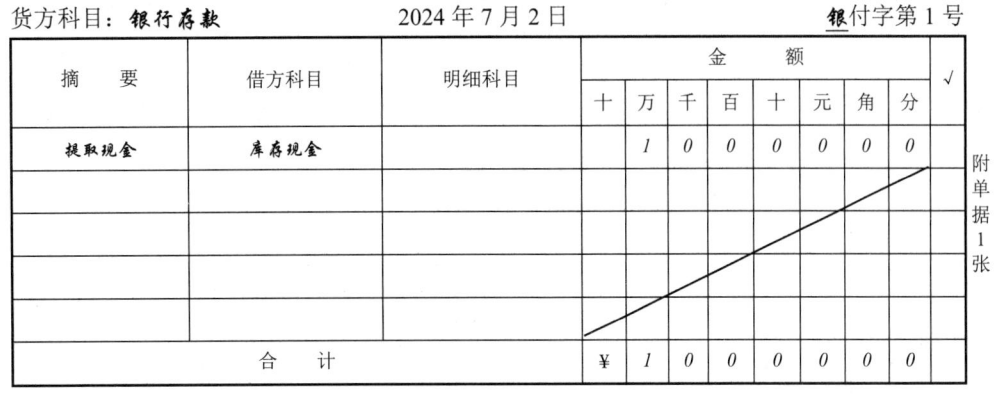

货方科目：银行存款　　　　　　　　2024 年 7 月 2 日　　　　　　　　银付字第 1 号

摘　要	借方科目	明细科目	金额（十万千百十元角分）	√
提取现金	库存现金		1 0 0 0 0 0 0	
				附单据1张
	合　计		¥ 1 0 0 0 0 0 0	

会计主管　　　　记账　　　　复核 庄薇　　　　出纳 王风　　　　制单 林海

图 6-2　付款凭证（二）

表 6-1　简化记账凭证

时间	编号	摘要	会计分录	记账符号
7.2	现付 2	职工报销培训费	借：应付职工薪酬——教育经费　　1 450 　　贷：库存现金　　　　　　　　　　1 450	
2	现付 3	修理费	借：管理费用——修理费　　　　　　650 　　应交税费——应交增值税（进项税额）　84.5 　　贷：库存现金　　　　　　　　　　734.5	
2	现付 4	购入 A4 纸	借：管理费用——办公费　　　　　　820 　　应交税费——应交增值税（进项税额）　106.6 　　贷：库存现金　　　　　　　　　　926.6	
2	现付 5	职工报销幼托费	借：应付职工薪酬——教育经费　　600 　　贷：库存现金　　　　　　　　　　600	
2	现收 1 转账 1	收回多余备用金 报销差旅费	借：库存现金　　　　　　　　　　　320 　　贷：其他应收款——备用金　　　　320 借：管理费用——差旅费　　　　　1 680 　　贷：其他应收款——备用金　　　1 680	
2	现收 2	零星销售商品	借：库存现金　　　　　　　　　　　904 　　贷：主营业务收入　　　　　　　　800 　　　　应交税费——应交增值税（销项税额）　104	
2	现收 3	销售材料收入	借：库存现金　　　　　　　　　　　361.6 　　贷：其他业务收入　　　　　　　　320 　　　　应交税费——应交增值税（销项税额）　41.6	
2	现付 6	业务招待费	借：管理费用——业务招待费　　　1 760 　　贷：库存现金　　　　　　　　　　1 760	
2	现收 4	职工交来赔偿款	借：库存现金　　　　　　　　　　　450 　　贷：其他应收款——李伟　　　　　450	
2	现付 7	销售款存入银行	借：银行存款——基本户　　　　　1 310.4 　　贷：库存现金　　　　　　　　　　1 310.4	

三、实训要求

（1）根据资料登记现金日记账，在现金日记账第×页（见表6-2）第1行登记"承前页"金额。

（2）在现金日记账第×页第12行登记7月1日的发生额及结存金额，并画通栏红线。

（3）从13行起根据7月2日的记账凭证登记现金日记账。

（4）第×页记满时，应办理转页手续（见表6-3）。

（5）结出7月2日的发生额及结存金额，并画通栏红线。

四、实训设计

【形式】学生在教师指导下开设现金日记账，并在指定行登记现金日记账。

【准备】给每位学生提供现金日记账2页。

【评价】本实训项目由教师评价，现金日记账的登记评价表如表6-4所示。

五、实训单据

表6-2 现金日记账（一）

×

年		凭证号数	对方科目	摘　要	收入（借方）金额	支出（贷方）金额	结存金额
月	日						
				承前页			
				过次页	¥	¥	¥

表 6-3 现金日记账（二）

×+1

年		凭证号数	对方科目	摘　要	收入（借方）金额	支出（贷方）金额	结存金额
月	日						
				承前页			
				过次页	¥	¥	¥

表 6-4 现金日记账的登记评价表

评 价 项 目	分值/分	评分/分
承前页登记（2×5）	10	
1 日本日合计	5	
2 日日记账登记（12×5）	60	
日记账转页	5	
2 日本日合计	10	
日记账账面整洁	10	
合　计	100	

实训 2 银行存款日记账的登记

一、实训目的

(1) 能根据审核无误的记账凭证登记银行存款日记账。
(2) 能进行银行存款日记账的日结和月结，能对银行存款日记账进行转页处理。

二、实训资料

(1) 梁溪凌空股份有限公司银行存款日记账（基本户）2024 年 6 月的发生额及结存金额如下：

① 银行存款日记账 6 月 1 日的余额为 1 423 687 元。银行存款日记账第×页第 1 行的资料：时间为 6 月 29 日；摘要为"承前页"；收入（借方）金额为 972 675 元；支出（贷方）金额为 965 487 元；结存金额为借方 1 430 875 元。

② 银行存款日记账第×页第 15 行的资料：摘要为"本日合计"；收入（借方）金额为 1 456 890 元；支出（贷方）金额为 1 387 680 元；结存金额为借方 1 500 085 元。

(2) 会计林海根据 6 月 30 日的银行收支业务填制了记账凭证，相关付款凭证、收款凭证如图 6-3 和图 6-4 所示，简化记账凭证如表 6-5 所示。

付款凭证

贷方科目：银行存款　　　　2024 年 6 月 30 日　　　　银付字第 58 号

摘要	借方科目	明细科目	金额（十万千百十元角分）	√
办理银行汇票	其他货币资金	汇票存款	2 0 0 0 0 0 0 0	
合　计			¥ 2 0 0 0 0 0 0 0	

附单据 1 张

会计主管　　　记账　　　复核 庄薇　　　出纳 王凤　　　制单 林海

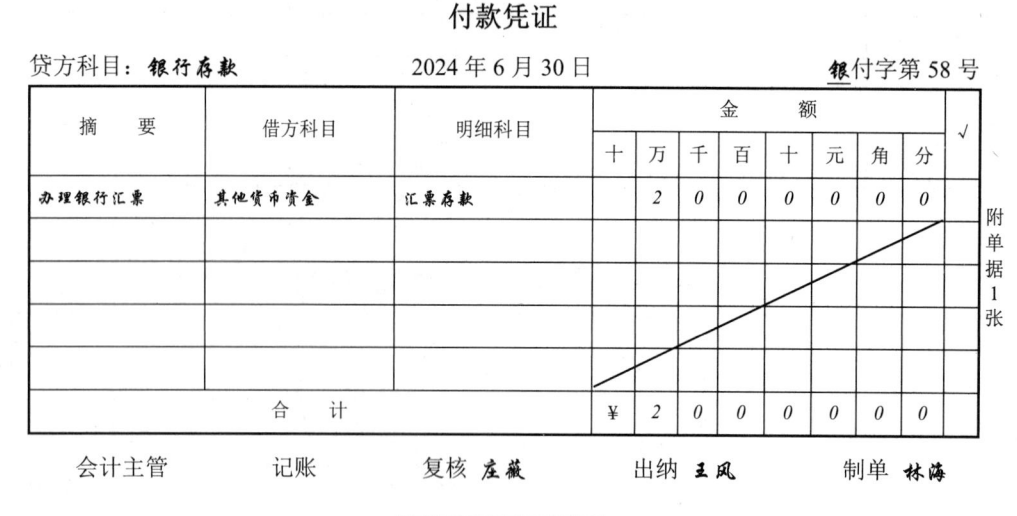

图 6-3　付款凭证

收款凭证

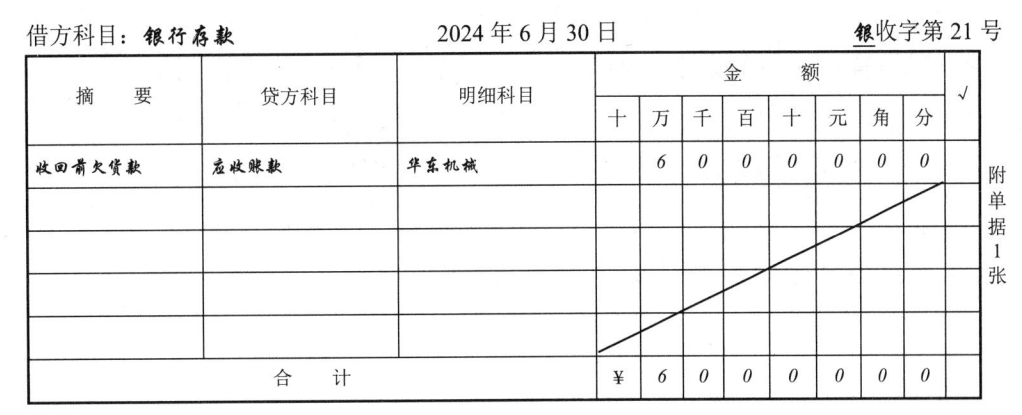

借方科目：银行存款　　　　　　2024年6月30日　　　　　　银收字第21号

摘要	贷方科目	明细科目	金额（十万 千 百 十 元 角 分）	√
收回前欠货款	应收账款	华东机械	6 0 0 0 0 0 0	
				附单据1张
		合计	¥ 6 0 0 0 0 0 0	

会计主管　　　记账　　　复核 庄薇　　　出纳 王凤　　　制单 林海

图 6-4 收款凭证

表 6-5 简化记账凭证

时间	编号	摘要	会计分录	记账符号
6.30	银收22	销售商品	借：银行存款——基本户　　141 250 　贷：主营业务收入　　125 000 　　　应交税费——应交增值税（销项税额）　16 250	
30	银付59	付第二季度利息	借：应付利息　　23 000 　　财务费用　　15 783 　贷：银行存款——基本户　　38 783	
30	银付60	付第三季度保险费	借：预付账款——太平洋保险公司　　45 000 　　应交税费——应交增值税（进项税额）　2 700 　贷：银行存款——基本户　　47 700	
30	银收23	预收货款	借：银行存款——基本户　　250 000 　贷：预收账款——东方制造　　250 000	
30	银收24	上月汇票款入账	借：银行存款——基本户　　150 000 　贷：应收票据——广发贸易　　150 000	
30	银付61	购入材料	借：原材料——方钢　　186 000 　　应交税费——应交增值税（进项税额）　24 180 　贷：银行存款——基本户　　210 180	
30	银收25	利息收入	借：银行存款——基本户　　1 456.86 　贷：财务费用——利息　　1 456.86	
30	银付62	提取现金	借：库存现金　　20 000 　贷：银行存款——基本户　　20 000	
30	银付63	付货款	借：在途物资——圆钢　　96 000 　　应交税费——应交增值税（进项税额）12 480 　贷：银行存款——基本户　　108 480	
30	银付64	购进设备	借：在建工程——T3机床　　276 000 　　应交税费——应交增值税（进项税额）35 880 　贷：银行存款——基本户　　311 880	

三、实训要求

（1）根据资料登记银行存款日记账，在银行存款日记账第×页（见表6-6）第1行登记"承前页"金额；第15行登记6月29日"本日合计"金额。

（2）从16行起根据6月30日的记账凭证登记银行存款日记账。

（3）第×页记满时，应办理转页手续（见表6-7）。

（4）结出6月30日的发生额及结存金额，并画通栏红线。

（5）结出6月份的发生额及结存金额，并画通栏红线。

四、实训设计

【形式】学生在教师指导下开设银行存款日记账，并在指定行登记银行存款日记账。

【准备】给每位学生提供银行存款日记账2页。

【评价】本实训项目由教师评价，银行存款日记账的登记评价表如表6-8所示。

五、实训单据

表6-6　银行存款日记账（一）

| 年 || 凭证号数 | 对方科目 | 摘　要 | 收入（借方）金额 | 支出（贷方）金额 | 结存金额 |
月	日						
				承前页			
				过次页	¥	¥	¥

表6-7 银行存款日记账（二）

X+1

年		凭证号数	对方科目	摘要	收入（借方）金额	支出（贷方）金额	结存金额
月	日						
				承前页			
				过次页	¥	¥	¥

表6-8 银行存款日记账的登记评价表

评 价 项 目	分值/分	评分/分
承前页登记（2×5）	10	
29日本日合计	5	
30日日记账登记（12×5）	60	
日记账转页	5	
30日本日合计	5	
本月合计	5	
日记账账面整洁	10	
合　　计	100	

实训 3 单据移交表的编制

一、实训目的

能编制单据移交表。

二、实训资料

2024 年 8 月 8 日，出纳员王风下班前将当日相关单据进行整理，编制单据移交表交会计林海。

【业务 1】借款申请单如图 6-5 所示。

借款申请单

2024 年 8 月 8 日

借款单位	销售科刘涛				
用途	出差赴苏市预借差旅费				
金额（大写）人民币陆仟元整			¥6 000		现金付讫
还款计划	2024 年 8 月 18 日				
领导批准	穆建新	财务审批	庄薇	部门审批	许进	出纳付款	王风
借款人	刘涛		备 注		

图 6-5 借款申请单

【业务 2】梁溪凌空股份有限公司出差费用报销单如图 6-6 所示（所附原始凭证略）。

梁溪凌空股份有限公司出差费用报销单

出差事由	参加南京订货会		填报日期：2024 年 8 月 8 日				附原始凭证 4 张		
月	日	起止时间	起讫地点	车船费 车次	车船费 金额	途中补贴 金额	住勤补贴 天数	住勤补贴 金额	误餐补贴 中	误餐补贴 晚	误餐补贴 金额	旅馆费	市内交通费	行李搬运费	其他
8	4	午 时 分 / 午 时 分	梁溪至南京		90										1 800
8	7	午 时 分 / 午 时 分	南京至梁溪		90		2	600				560			
		午 时 分 / 午 时 分	至												
支 出 小 计					180			600				560			1 800
预支金额	3 000	应（付√）退金额	140	支出金额（大写）	人民币叁仟壹佰肆拾元整			
领导审核	穆建新	财务经理	庄薇	部门经理	郭怀	报销人	杨建

（附件 4 张略）

图 6-6 梁溪凌空股份有限公司出差费用报销单

【业务3】中国工商银行单位客户专用回单如图6-7所示。

ICBC 中国工商银行　单位客户专用回单　No 980

币别：人民币		2024年8月8日			流水号：276544873672786961118		
付款人	全　称	梁溪市江海贸易有限公司		收款人	全　称	梁溪凌空股份有限公司	
	账　号	204315344500563338			账　号	430008675466338765	
	开户行	中国工商银行梁溪旺庄路支行			开户行	中国工商银行梁溪台山支行	
金额		人民币（大写）壹万贰仟伍佰元整		千 百 十 万 千 百 十 元 角 分 ¥　　　1 2 5 0 0 0 0			
凭证种类		电子转账凭证		凭证号码		220248658	
结算方式		转账		用　途		货款	

打印柜员：320654202
打印机构：中国工商银行梁溪台山支行
打印卡号：432000000012986

打印时间：2024-08-08　　交易柜员：　　交易机构：32176813

图6-7　中国工商银行单位客户专用回单

【业务4】梁溪凌空股份有限公司费用报销单、中国工商银行业务回单（付款）、江苏省增值税专用发票如图6-8至图6-10所示。

梁溪凌空股份有限公司费用报销单

购物（或业务往来）日期：		2024年8月8日		背面附原始凭证 2 张	
	内　　容	发票号码	单价	数量	金额
1	水费	03288398	3.050 7	327.794	1 030
2					
3					
备注：					
实报金额（大写）人民币壹仟零叁拾元整　　　　　　¥1 030					
领导审批	缪建新	财务经理	庄葳	部门经理	尤刚	报销人	张敏

图6-8　梁溪凌空股份有限公司费用报销单

ICBC 中国工商银行　　　　　　　　　　凭证

日期　2024年8月8日　　　　业务回单（付款）
　　　　　　　　　　　　　　回单编号：18062000775

付款人户名：梁溪凌空股份有限公司　　付款人开户行：中国工商银行梁溪台山支行
付款人账号：430008675466338765
收款人户名：梁溪市自来水总公司　　　收款人开户行：中国工商银行梁溪市通扬支行
收款人账号：499600007522876644
金额：壹仟零叁拾元整　　　　　　　　小写：1 030元
业务（产品）种类：　　凭证种类：00000000　　凭证号码：00000000000000000000
摘要：水费　　　　　　用途：　　　　　　　　币种：人民币
交易机构：0110300421　记账柜员：00018　　　交易代码：45296　　渠道：网上银行
附言：
支付交易序号：61156924　报文种类：大客户发起汇兑业务　　委托日期：2024年8月8日
业务类型：普通汇兑　　　指令编号：HQP14180654　　　　　　提交人：自助回单机专用章
本回单为第一次打印，注意重复　打印日期：2024年8月8日　打印柜员：6003　验证码：0EBE6CA7786

图6-9　中国工商银行业务回单（付款）

江苏省增值税专用发票

No 03288398

发票联　开票日期：2024年8月8日

购买方	名称：	梁溪凌空股份有限公司				密码区		
	纳税人识别号：	50700006876596547A						
	地址、电话：	梁溪市台山路98号　0510-82676888						
	开户行及账号：	中国工商银行梁溪台山支行　430008675466338765						

货物或应税劳务名称	规格型号	单位	数量	单价	金额	税率	税额
*供水*水费		吨	327.794	3.050 7	1 000	3%	30
合　计					¥1 000		¥30

价税合计（大写）	⊗壹仟零叁拾元整　　　　（小写）¥1 030

销售方	名称：	梁溪市自来水总公司	备注
	纳税人识别号：	91323209966333342D	
	地址、电话：	梁溪市通扬路38号　0510-82106688	
	开户行及账号：	中国工商银行梁溪通扬支行　499600007522876644	

收款人：　　复核人：　　开票人：陈方方　　销售方：（章）

第三联：发票联　购买方记账凭证

图 6-10　江苏省增值税专用发票

【业务5】梁溪凌空股份有限公司费用报销单、江苏省增值税普通发票、中国工商银行转账支票存根（苏）如图6-11至图6-13所示。

梁溪凌空股份有限公司费用报销单

购物（或业务往来）日期：		2024年8月8日		背面附原始凭证 2 张	
	内　　容		发票号	单价	数量	金额
1	业务招待费		04789865			2 500
2						
3						
备注：						
实报金额（大写）人民币贰仟伍佰元整　　　　　　　　¥2 500						
领导审批	缪建新	财务经理	庄薇	部门经理	苏华	报销人	陆强

图 6-11　梁溪凌空股份有限公司费用报销单

江苏省增值税普通发票

No 04789865

发票联　　开票日期：2024 年 8 月 8 日

购买方	名　　称：梁溪凌空股份有限公司
	纳税人识别号：50700006876596547A
	地址、电话：梁溪市台山路 98 号　0510-82676888
	开户行及账号：中国工商银行梁溪台山支行　430008675466338765

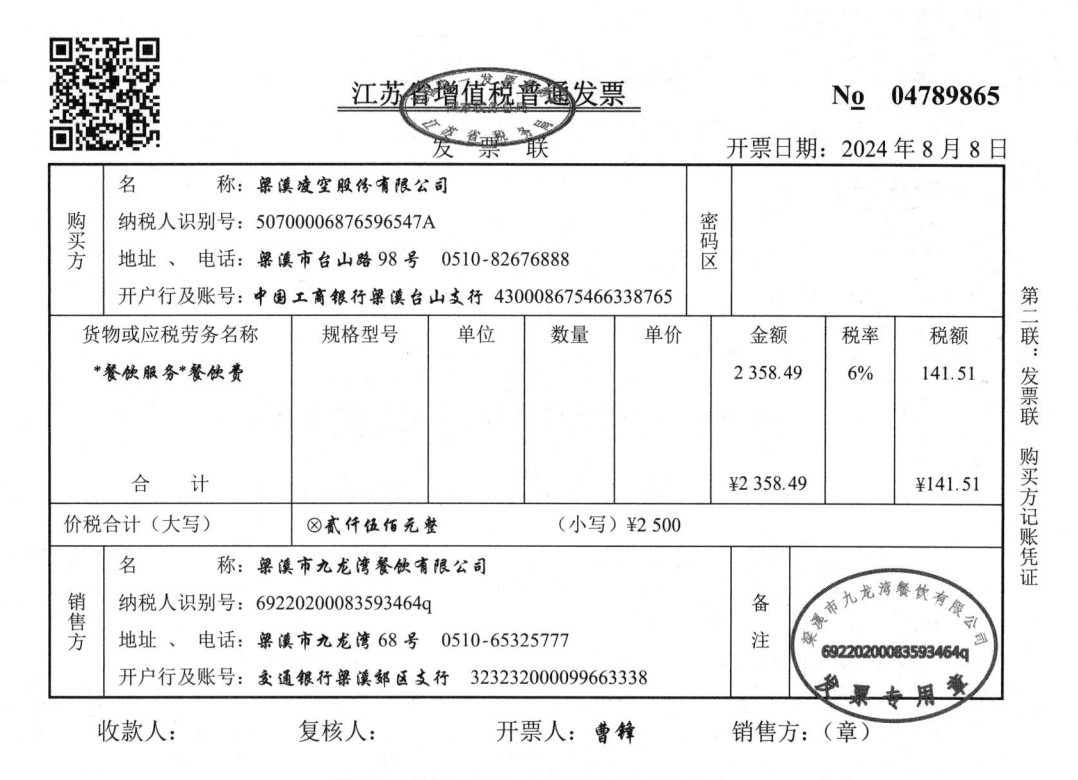

货物或应税劳务名称	规格型号	单位	数量	单价	金额	税率	税额
*餐饮服务*餐饮费					2 358.49	6%	141.51
合　　计					¥2 358.49		¥141.51

价税合计（大写）　⊗贰仟伍佰元整　　（小写）¥2 500

销售方	名　　称：梁溪市九龙湾餐饮有限公司
	纳税人识别号：69220200083593464q
	地址、电话：梁溪市九龙湾 68 号　0510-65325777
	开户行及账号：交通银行梁溪郊区支行　3232320000099663338

收款人：　　复核人：　　开票人：曹锋　　销售方：（章）

图 6-12　江苏省增值税普通发票

中国工商银行
转账支票存根（苏）
VI00378903

附加信息

出票日期 2024 年 8 月 8 日

收款人：梁溪市九龙湾餐饮有限公司
金　额：¥2 500
用　途：餐饮费
单位主管　缪建新　　会计　林海

图 6-13　中国工商银行转账支票存根（苏）

【业务 6】梁溪凌空股份有限公司费用报销单、中国工商银行单位客户专用回单（一）、中国工商银行单位客户专用回单（二）、中华人民共和国电子缴税（费）凭证如图 6-14 至图 6-17 所示。

梁溪凌空股份有限公司费用报销单

购物（或业务往来）日期：2024 年 8 月 8 日　　　　背面附原始凭证 2 张

	内　容	发 票 号	单　价	数　量	金　额
1	增值税	32928323000124389			62 400
2	城市维护建设税	32920031800003282			4 368
3	教育费附加	32920031800003282			1 872
4	地方教育附加	32920031800003282			1 248

备注：7月份税金

实报金额（大写）人民币陆万玖仟捌佰捌拾捌元整　　　　￥69 888

| 领导审批 | 缪建新 | 财务经理 | 庄薇 | 部门经理 | 林涛 | 报销人 | 王风 |

图 6-14　梁溪凌空股份有限公司费用报销单

ICBC 中国工商银行　单位客户专用回单

转账日期：2024 年 8 月 8 日　　　　　　　　　　凭证字号：1281801200076332

纳税人全称：梁溪凌空股份有限公司
纳税人识别号（信用代码）：50700006876596547A
付款人全称：梁溪凌空股份有限公司　　　　咨询（投诉）电话：12366
付款人账号：430008675466338765　　　　征收机关名称（委托方）：梁溪新吴区税务局
付款人开户银行：中国工商银行梁溪台山支行　　收缴国库（银行）国家金库梁溪新吴支库
小写（合计）金额：¥62 400　　　　　　　缴款书流水号：30651876549977228887776861
大写（合计）金额：人民币陆万贰仟肆佰元整　　税票号码：32928323000124389

税（费）名称	所属时间	实缴金额
增值税	20240701—20240731	62 400

复核：　　　　　　　经办：　　　　　　　打印日期：2024-08-08

图 6-15　中国工商银行单位客户专用回单（一）

ICBC 中国工商银行　单位客户专用回单

转账日期：2024 年 8 月 8 日　　　　　　　　　　凭证字号：1281801200076332

纳税人全称：梁溪凌空股份有限公司
纳税人识别号（信用代码）：50700006876596547A
付款人全称：梁溪凌空股份有限公司　　　　咨询（投诉）电话：12366
付款人账号：430008675466338765　　　　征收机关名称（委托方）：梁溪新吴区税务局
付款人开户银行：中国工商银行梁溪台山支行　　收缴国库（银行）国家金库梁溪新吴支库
小写（合计）金额：¥7 488　　　　　　　缴款书流水号：30651876549977228887776861
大写（合计）金额：人民币柒仟肆佰捌拾捌元整　　税票号码：32920031800003282

税（费）名称	所属时间	实缴金额
城市维护建设税	20240701—20240731	4 368
教育费附加	20240701—20240731	1 872
地方教育附加	20240701—20240731	1 248

复核：　　　　　　　经办：　　　　　　　打印日期：2024-08-08

图 6-16　中国工商银行单位客户专用回单（二）

中华人民共和国
电子缴税（费）凭证

打印日期：2024-08-08　　　　　　　　　　　　　　　　　　税 240020536879

纳税人代码	50700006876596547A	主管税务机关	梁溪区税务局第二税务分局
纳税人全称	梁溪凌空股份有限公司	开户银行	中国工商银行梁溪台山支行
缴款人名称	梁溪凌空股份有限公司	银行账号	430008675466338765

电子缴款书号	征收项目名称	征收品目名称	所属时期	实缴金额	缴款日期	税款属性	国库
32020031800003282	城市维护建设税	增值税附征	2024-07-01至2024-07-31	4 368	2024.08.08	一般申报	国家金库梁溪新吴支库
32020031800003282	教育费附加	增值税附征	2024-07-01至2024-07-31	1 872	2024.08.08	一般申报	国家金库梁溪新吴支库
32020031800003282	地方教育附加	增值税附征	2024-07-01至2024-07-31	1 248	2024.08.08	一般申报	国家金库梁溪新吴支库
金额合计	人民币柒仟肆佰捌拾捌元整			￥7 488			
注：1. 本缴款单凭证仅作为纳税人记账核算凭证使用，电子纳税的，需与银行对账单电子归缴记录核对一致方有效。纳税人如需汇总开具完税证明，请凭税务登记或身份证到主管税务机关开具。 2. 打印此票的次日以后，方可到税务部门换开正式完税凭证。						（套印征收专用章）	

图 6-17　中华人民共和国电子缴税（费）凭证

三、实训要求

根据梁溪凌空股份有限公司 2024 年 8 月 8 日出纳员办理的业务，编制单据移交表（见表 6-9）。

四、实训设计

【形式】每位学生独立完成。
【准备】单据移交表（见表 6-9）。
【评价】本实训项目由教师评价，单据移交表的编制评价表如表 6-10 所示。

五、实训单据

表 6-9　单据移交表

日期	编号	单据张数/张	摘要	金额/元	移交人	接收人	备注

表 6-10　单据移交表的编制评价表

评 价 项 目	分值/分	评分/分
业务 1	15	
业务 2	15	
业务 3	15	
业务 4	15	
业务 5	15	
业务 6	25	
合计	100	

项目 7　现金、银行存款的清查

出纳员应每天将现金日记账余额与库存现金实有数进行核对，以查明账实是否相符；应定期（3 天、5 天、10 天、半个月、1 个月）将企业银行存款日记账与银行对账单进行核对，以查明账实是否相符，并确定企业银行存款实有数。

本项目包括库存现金盘点报告表的编制、银行存款余额调节表的编制。银行存款清查选用的是公司的实际案例，与会计理论教学选用的案例大相径庭。同学们，你能发现它们之间的区别吗？

实训 1 库存现金盘点报告表的编制

一、实训目的

能编制库存现金盘点报告表。

二、实训资料

2024 年 6 月 30 日，梁溪凌空股份有限公司清查小组人员对库存现金进行清查（财务主管庄薇、出纳员王风在场），当日现金日记账余额为 16 978 元，实际盘存现金 11 978 元（其中 100 元面值 109 张、50 元面值 19 张、10 元面值 11 张、5 元面值 2 张、1 元面值 8 张），经查，当日借出备用金 5 000 元，因会计尚未编制记账凭证而未入账。

三、实训要求

编制库存现金盘点报告表（见表 7-1）。

四、实训设计

【形式】学生独立完成库存现金盘点报告表的编制。
【准备】库存现金盘点报告表（见表 7-1）。
【评价】本实训项目由教师评价，库存现金盘点报告表的编制评价表如表 7-2 所示。

五、实训单据

表 7-1　库存现金盘点报告表

币种：　　　　　　　　　盘点日：　　年　　月　　日　　　　　　单位：元

票面金额	张数	金额	票面金额	张数	金额
壹佰元			伍角		
伍拾元			贰角		
贰拾元			壹角		
壹拾元			伍分		
伍元			贰分		
贰元			壹分		
壹元					
实际盘点金额合计					
现金日记账账面余额					
加：收入凭证未入账					
减：付出凭证未入账					
调整后现金余额					
实存与账面差额					

盘点人（签字）：　　　　　　会计主管（签字）：　　　　　　出纳（签字）：

表 7-2　库存现金盘点的表的编制评价表

评价项目	分值/分	评分/分
库存现金盘点报告表的填制	50	
收入支出凭证未入账填制	20	
调整后余额填制	20	
签字填制	10	
合计	100	

实训 2　银行存款余额调节表的编制

一、实训目的

能编制银行存款余额调节表。

二、实训资料

（1）梁溪凌空股份有限公司 2024 年 10 月 31 日银行存款余额调节表如表 7-3 所示。

（2）梁溪凌空股份有限公司2024年11月银行存款日记账如表7-4所示。

（3）梁溪凌空股份有限公司2024年11月中国工商银行梁溪台山支行对账单如表7-5所示。

表7-3 银行存款余额调节表

开户行：**中国工商银行梁溪台山支行** 账号：430008675466338765 2024年10月31日止 单位：元

摘 要	入账日期 凭证号	金 额	摘 要	入账日期 凭证号	金 额
日记账余额		626 000	对账单余额		672 900
加：			加：		
1 收货款	网银#320	42 900	1		
2			2		
3			3		
减：			减：		
1			1 付家具费	转支#8764	4 000
2			2		
3			3		
调节后的余额		668 900	调节后的余额		668 900

表7-4 银行存款日记账

银行存款日记账

2024年 月	日	凭证号	对方科目	摘 要	收入（借方）金额	支出（贷方）金额	余 额
11	1			期初余额			626 000
	2	银付1	库存现金	提现备用（现支#553）		3 000	623 000
	3	银收1	应收账款	收货款（网银#320）	42 900		665 900
	4	银付2	应交税费	缴所得税（网银#321）		60 000	605 900
	5	银付3	在途物资等	购材料（网银#322）		81 900	524 000
	6	现付1	库存现金	销售款解存银行	58 500		582 500
	10	银收2	主营业务收入等	销售商品（网银#323）	35 100		617 600
	11	银付4	应付职工薪酬	代发工资（网银#324）		101 500	516 100
	13	银收3	其他货币资金	汇票多余款（汇票#6743）	24 500		540 600
	16	银收4	短期借款	借入借款（借款单#4230）	500 000		1 040 600
	18	银付5	其他货币资金	办理银行本票（本票#6025）		50 000	990 600
	22	银付6	其他货币资金	办理银行汇票（汇票#0559）		100 000	890 600
	26	银付7	库存现金	提现备用（现支#554）		1 500	889 100
	29	银付8	财产保险费	管理费用（网银#325）		5 000	884 100
	30			本月合计	¥661 000	¥402 900	¥884 100

表 7-5 中国工商银行梁溪台山支行对账单

账号：430008675466338765　单位名称：梁溪凌空股份有限公司　2024年10月31日止　单位：元

2024年 月	日	摘　要	结算凭证	借　方	贷　方	借或贷	金　额
11	1	期初余额				贷	672 900
	3	支取现金	现支#553	3 000		贷	669 900
	4	缴纳税款	网银#321	60 000		贷	609 900
	5	贷款	网银#322	81 900		贷	528 000
	6	库存现金	现缴#245		58 500	贷	586 500
	6	付家具费	转支#8764	4 000		贷	582 500
	9	汇票余款	汇票#6743		24 500	贷	607 000
	10	代发工资	网银#324	101 500		贷	505 500
	14	收到销货款	网银#323		35 100	贷	540 600
	15	付货款办理本票	本票#6025	50 000		贷	490 600
	16	贷款	借款单#4230		500 000	贷	990 600
	20	办理汇票	汇票#0559	100 000		贷	890 600
	25	付货款	网银#327	2 260		贷	888 340
	30	收货款	网银#328		12 260	贷	900 600
	30	收利息	网银#329		3 019	贷	903 619

三、实训要求

根据梁溪凌空股份有限公司10月31日银行存款余额调节表、11月银行存款日记账、11月中国工商银行梁溪台山支行对账单找出未达账项，编制梁溪凌空股份有限公司2024年11月的银行存款余额调节表（见表7-6）。

四、实训设计

【形式】学生独立完成银行存款余额调节表的编制。

【准备】银行存款余额调节表（见表7-6）。

【评价】本实训项目由教师评价，银行存款余额调节表的编制评价表如表7-7所示。

五、实训单据

表 7-6 银行存款余额调节表

开户行： 账号： 年 月 日 单位：元

摘 要	入账日期 凭证号	金 额	摘 要	入账日期 凭证号	金 额
日记账余额			对账单余额		
加：			加：		
1			1		
2			2		
3			3		
减：			减：		
1			1		
2			2		
3			3		
调节后的余额			调节后的余额		

表 7-7 银行存款余额调节表的编制评价表

评价项目	分值/分	评分/分
未达账项查找	30	
剔除上月未达账项	20	
编制银行存款余额调节表	50	
合 计	100	

项目 8　出纳岗位业务实务操作

如果说项目1~项目3是"点"的实训，项目4~项目7是"面"的实训，那么本项目则是"体"的实训，聪明的你将接受出纳业务的综合实训，它是检验你能否胜任出纳岗位的试金石！

同学们，让我们一起来迎接挑战吧！

一、实训目的

（1）能根据原始凭证判断经济业务内容，并审核或填制原始凭证。
（2）能根据原始凭证编制记账凭证，并进行附件处理。
（3）能编制银行存款余额调节表。
（4）能装订记账凭证。
（5）能编制资金报表。

二、实训资料

1. 企业有关情况

（1）单位名称：梁溪惠山动力有限公司（一般纳税人）；纳税人识别号：30700006876596362G。
（2）法人代表：韦洪斌；财务主管：刘萍。
（3）会计：郭建生；出纳员：曹薇。
（4）单位地址及电话：梁溪市惠钱路88号，0510-88254598。
（5）开户行及账号：中国工商银行梁溪惠山支行，428108675009222521。

2. 企业有关经济业务

2024年11月30日，企业现金日记账余额为13 968.5元，银行存款日记账余额为789 583.5元，12月发生下列现金、银行存款收付业务。

【业务1】相关业务单证如图8-1至图8-3所示。
【业务2】相关业务单证如图8-4所示（提示：12月2日，提取现金8 000元，备付差旅费）。
【业务3】相关业务单证如图8-5所示。
【业务4】相关业务单证如图8-6所示。
【业务5】相关业务单证如图8-7所示。
【业务6】相关业务单证如图8-8至图8-11所示。
【业务7】相关业务单证如图8-12和图8-13所示。
【业务8】相关业务单证如图8-14和图8-15所示。
【业务9】相关业务单证如图8-16至图8-20所示。（注：单证所示为梁溪市大华滚针有限公司办理进账的业务，即"倒进账"。）
【业务10】相关业务单证如图8-21和图8-22所示。
【业务11】相关业务单证如图8-23和图8-24所示。
【业务12】相关业务单证如图8-25至图8-27所示。
【业务13】相关业务单证如图8-28和图8-29所示。
【业务14】相关业务单证如图8-30和图8-31所示。

【业务15】相关业务单证如图8-32至图8-34所示。

【业务16】相关业务单证如图8-35和图8-36所示。

【业务17】相关业务单证如图8-37所示。

【业务18】相关业务单证如图8-38至图8-42所示。

【业务19】相关业务单证如图8-43所示。

【业务20】相关业务单证如图8-44至图8-46所示。

【业务21】相关业务单证如图8-47至图8-49、表8-1所示。

【业务22】相关业务单证如图8-50至图8-52所示。

【业务23】相关业务单证如图8-53至图8-56所示。

【业务24】相关业务单证如图8-57所示。

【业务25】相关业务单证如图8-58所示。

【业务26】相关业务单证如图8-59至图8-62所示。

【业务27】相关业务单证如图8-63所示(提示：12月20日，提取现金3 000元备用)。

【业务28】相关业务单证如图8-64至图8-66所示。

【业务29】相关业务单证如图8-67和图8-68所示。

【业务30】相关业务单证如图8-69至图8-71所示。

【业务31】相关业务单证如图8-72所示。

【业务32】相关业务单证如图8-73所示。

【业务33】相关业务单证如图8-74至图8-76所示。

【业务34】相关业务单证如图8-77所示(提示：12月25日，提取现金4 500元，备付抚恤金、丧葬费)。

【业务35】相关业务单证如图8-78和图8-79所示。

【业务36】相关业务单证如图8-80所示。

【业务37】相关业务单证如图8-81至图8-83所示。

【业务38】相关业务单证如图8-84所示。

【业务39】相关业务单证如图8-85所示。

【业务40】相关业务单证如图8-86至图8-88所示。

三、实训要求

（1）根据业务1～业务40，出纳员审核原始凭证，判断经济业务内容，填制相关原始凭证。

（2）根据业务1～业务40，会计编制记账凭证，并将相关原始凭证整理附后。

（3）根据收款凭证、付款凭证准备现金日记账和银行存款日记账进行登记，并进行日结、转页和月结。

（4）将已登记的银行存款日记账、上月银行存款余额调节表（见表 8-2）和银行对账单（见表 8-3）进行对账，找出未达账项，编制本月银行存款余额调节表（见表 8-4）。

（5）装订记账凭证，填制记账凭证封面。

（6）编制资金报表（见表 8-5）。

四、实训设计

【形式】要求在课堂讨论完成，各自提交结果。

【准备】建议准备相关原始凭证、记账凭证、日记账、银行存款余额调节表、记账凭证封面及封底、资金报表等。

【评价】本项目成绩：建议以教师根据提交的结果给出的评价为主（90%），学生（同桌）的评价为辅（10%）。学期成绩评定前面 7 个项目占 40%，本项目占 60%，按学期综合评价出成绩。

【业务1】

```
            中国工商银行    转账支票（苏）    Ⅵ87654009
出票日期（大写） 贰零贰肆年壹拾贰月零贰日   付款行名称：中国工商银行梁溪城北支行
收款人：梁溪惠山动力有限公司              出票人账号：532040040065238902

人民币                            | 百 | 十 | 万 | 千 | 百 | 十 | 元 | 角 | 分 |
（大写）  贰仟壹佰叁拾伍元柒角整    |    |    |  ¥ | 2  | 1  | 3  | 5  | 7  | 0  |

用途  货款
上列款项请从
我账户内支付
出票人签章                                复核      记账
```
本支票付款期限十天

图 8-1 中国工商银行转账支票（苏）

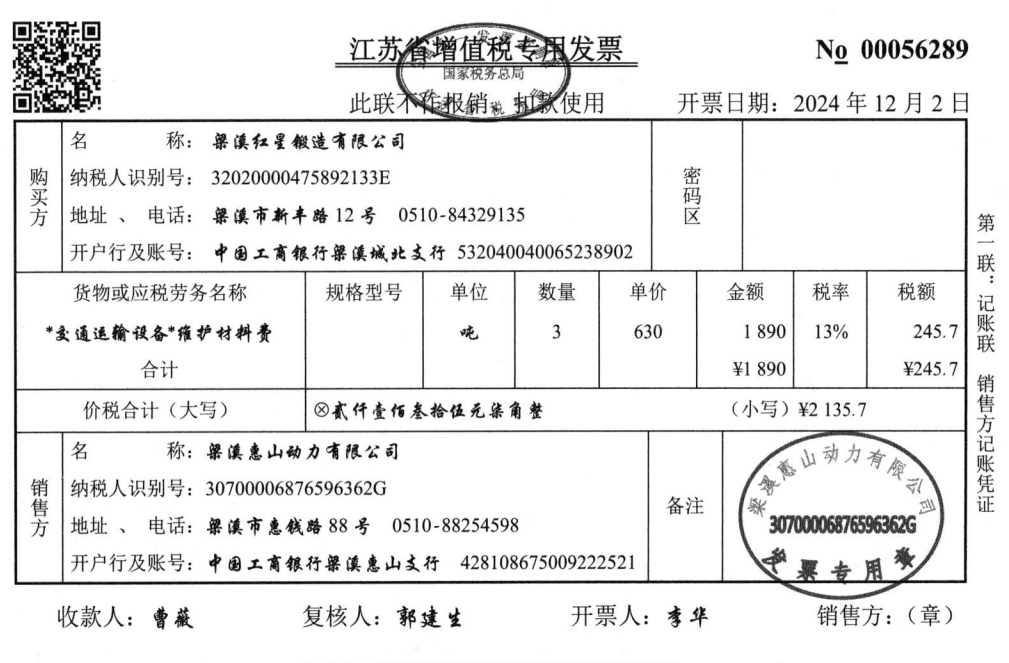

```
              江苏省增值税专用发票           No 00056289
              此联不作报销、扣款使用      开票日期：2024 年 12 月 2 日

     名    称：梁溪红星锻造有限公司
购   纳税人识别号：32020000475892133E                      密
买   地址、电话：梁溪市新丰路12号  0510-84329135          码
方   开户行及账号：中国工商银行梁溪城北支行 532040040065238902  区

 货物或应税劳务名称 | 规格型号 | 单位 | 数量 | 单价 | 金额  | 税率 | 税额
*交通运输设备*维护材料费 |       | 吨   | 3    | 630  | 1 890 | 13% | 245.7
         合计                                      ¥1 890        ¥245.7

价税合计（大写） ⊗贰仟壹佰叁拾伍元柒角整        （小写）¥2 135.7

     名    称：梁溪惠山动力有限公司
销   纳税人识别号：30700006876596362G          备注
售   地址、电话：梁溪市惠钱路88号 0510-88254598
方   开户行及账号：中国工商银行梁溪惠山支行 4281086750092225215

收款人：曹薇     复核人：郭建生     开票人：李华     销售方：（章）
```

图 8-2 江苏省增值税专用发票

```
             中国工商银行进账单（收账通知）    3
                        年  月  日            第    号
出   全  称                    收   全  称
票   账  号                    款   账  号
人   开户银行                  人   开户银行

人民币                        | 千 | 百 | 十 | 万 | 千 | 百 | 十 | 元 | 角 | 分 |
（大写）

 票据种类           票据张数
 票据号码
                                        持票人开户行盖章
 单位主管    会计    复核    记账
```

图 8-3 中国工商银行进账单（收账通知）

119

【业务2】

中国工商银行 现金支票存根（苏） Ⅵ	中国工商银行 现金支票（苏） Ⅵ
附加信息_____ _____ _____ 出票日期： 年 月 日 收款人： 金　额： 用　途： 单位主管　　会计	出票日期（大写）　年　月　日　付款行名称： 收款人：　　　　　　　　　　出票人账号： 人民币（大写）　　十万千百十元角分 用途_____ 上列款项请从 我账户内支付 出票人签章　　　　　　　　　　复核　　记账

图 8-4　中国工商银行现金支票（苏）

【业务3】

中国工商银行进账单（收账通知）　3

2024 年 12 月 3 日　　　　　　　　　　　　　　第 4785 号

收款人	全　称	梁溪惠山动力有限公司	付款人	全　称	梁溪市蓝天制造有限公司
	账　号	428108675009222521		账　号	600162360022266634
	开户银行	中国工商银行梁溪惠山支行		开户银行	中国工商银行梁溪城北支行

金额	人民币（大写）	贰佰叁拾叁元陆角整	千百十万千百十元角分 ¥　　　　2 3 3 6 0

票据种类	支票	票据张数	1 张
票据号码	05400945（退预付款余款）		

单位主管　　　会计　　　复核　　　记账

（盖章：中国工商银行梁溪惠山支行 2024.12.3 转讫 (02)）

此联是收款人开户银行交给收款人的收账通知　　持票人开户行盖章

图 8-5　中国工商银行进账单（收账通知）

【业务4】

ICBC　中国工商银行　单位客户专用回单　　№ 983

币别：人民币　　2024 年 12 月 4 日　　流水号：2765448736727869543

付款人	全　称	梁溪市江海贸易有限公司	收款人	全　称	梁溪惠山动力有限公司
	账　号	204315344500563338		账　号	428108675009222521
	开户行	中国工商银行梁溪旺庄路支行		开户行	中国工商银行梁溪惠山支行

金　额	人民币（大写）伍万零捌佰伍拾元整	千百十万千百十元角分 ¥　　5 0 8 5 0 0 0

凭证种类	电子转账凭证	凭证号码	220248659
结算方式	转账	用　途	预付货款

打印柜员：320654202
打印机构：中国工商银行梁溪惠山支行
打印卡号：432000000012986

（电子回单专用章）

打印时间：2024-12-04　　　交易柜员：　　　交易机构：32176813

图 8-6　中国工商银行单位客户专用回单

121

项目8　出纳岗位业务实务操作

【业务5】

借款申请单

2024 年 12 月 4 日

借款单位	公司办公室夏铭					
用途	业务培训					现金付讫
金额（大写）	人民币　伍仟元整			¥5 000		
还款计划	2024 年 12 月 18 日					
领导批准	韦洪斌	财务审批	刘萍	部门审批	林晨	出纳付款　曹薇
借款人	夏铭		备注			

图 8-7　借款申请单

【业务6】

梁溪惠山动力有限公司费用报销单

购物（或业务往来）日期：2024 年 12 月 5 日			背面附原始凭证 3 张		
	内　容	发票号	单价	数量	金额
1	材料款	05872917	33.5	200	6 700
2	增值税	05872917			871
3					
备注：					
实报金额（大写）人民币柒仟伍佰柒拾壹元整　　　¥7 571					
领导审批 韦洪斌	财务经理 刘萍		部门经理 朱玉	报销人	蔡琴

报销日期：2024 年 12 月 5 日

图 8-8　梁溪惠山动力有限公司费用报销单

江苏省增值税专用发票　No 05872917

发票联　　开票日期：2024 年 12 月 5 日

购买方	名　　称：梁溪惠山动力有限公司 纳税人识别号：30700006876596362G 地址、电话：梁溪市惠钱路 88 号　0510-88254598 开户行及账号：中国工商银行梁溪惠山支行　428108675009222521	密码区
货物或应税劳务名称	规格型号	单位	数量	单价	金额	税率	税额
*金属制品*门把手		个	200	33.5	6 700	13%	871
合计					¥6 700		¥871
价税合计（大写）	⊗柒仟伍佰柒拾壹元整			（小写）¥7 571			
销售方	名　　称：梁溪市迅达配件有限公司 纳税人识别号：83723209966333342H 地址、电话：梁溪市永定路 12 号　0510-83367123 开户行及账号：梁溪商业银行　062318796745006521	备注

收款人：　　　复核人：　　　开票人：张相卫　　　销售方：（章）

图 8-9　江苏省增值税专用发票

123

中国工商银行
转账支票存根（苏）
VI10815316

附加信息 _____

出票日期：2024 年 12 月 5 日

收款人：梁溪市迅达配件有限公司

金　额：¥7 571

用　途：购材料

单位主管 韦洪斌　　会计 郭建生

图 8-10　中国工商银行转账支票存根（苏）

梁溪惠山动力有限公司收料单

2024 年 12 月 5 日

供货单位：梁溪市迅达配件有限公司　　　　　　　　　　第 1001 号
发票号码：05872917　　　材料大类：原材料　　　　　　单位：元

材料编号	名称	规格	单位	数量(发票)	数量(实收)	实际价格(单价)	实际价格(金额)	其中:运杂费	计划价格(单价)	计划价格(金额)
	门把手		个	200	200	33.5	6 700			

制单：王新　　　验收：黄玲　　　主管：张杰　　　记账：

图 8-11　梁溪惠山动力有限公司收料单

【业务 7】

梁溪惠山动力有限公司付款申请书

2024 年 12 月 6 日

用途	金额										收款单位：苏州东方机电有限公司
	亿	千	百	十	万	千	百	十	元	角	分
支付货款				¥	6	0	0	0	0	0	0	0
账　号：4043153635000053211
开户行：中国农业银行支行虎丘路支行
金额大写（合计）	人民币陆万元整（预付款）		电汇☑ 转账☐ 汇票☐ 网银☐
总经理	韦洪斌	财务部门	经理	刘萍	经办部门	经理	景雯
			会计	郭建生		经办人	孙栋

图 8-12　梁溪惠山动力有限公司付款申请书

项目8　出纳岗位业务实务操作

中国工商银行　电汇凭证（回　单）　1

□普通　□加急　　委托日期：　年　月　日　　　第　号

汇款人	全　称			收款人	全　称				此联是汇出行给汇款人的回单
	账　号				账　号				
	汇出地点	省　　市/县			汇入地点	省　　市/县			
汇出行名称				汇入行名称					
金额	人民币（大写）					千 百 十 万 千 百 十 元 角 分			
				支付密码					
				附加信息及用途					
汇出行签章				复核：　　　　记账：					

图 8-13　中国工商银行电汇凭证（回单）

【业务8】

梁溪惠山动力有限公司 费用报销单

购物（或业务往来）日期：2024年12月9日		背面附原始凭证1张		
	内　　容	发票号	单价	数量	金　额
1	报销独生子女幼托费	008160			450
2					
3			现金付讫		
备注：					
实报金额（大写）人民币肆佰伍拾元整　　　　￥450					
领导审批	韦洪斌	财务经理	刘萍	部门经理	朱玉	报销人	蔡琴

报销日期：2024年12月9日

图 8-14　梁溪惠山动力有限公司费用报销单

学　杂　费　收　据　　　№ 008160

2024年12月9日

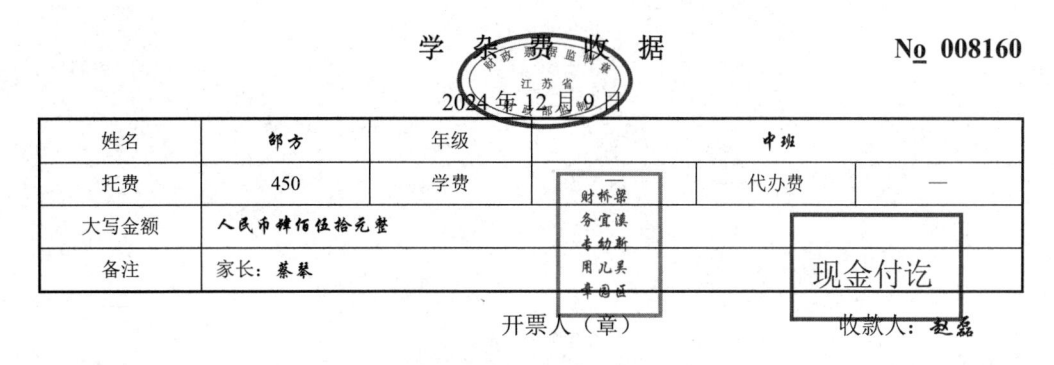

姓名	邵方	年级		中班	
托费	450	学费	—	代办费	—
大写金额	人民币肆佰伍拾元整				
备注	家长：蔡琴			现金付讫	

开票人（章）　　　　收款人：赵磊

图 8-15　学杂费收据

项目8 出纳岗位业务实务操作

【业务9】

梁溪惠山动力有限公司费用报销单

购物（或业务往来）日期：2024 年 12 月 10 日		背面附原始凭证 4 张			
	内 容	发票号	单价	数量	金额
1	支付材料款	06913858	180	10	1 800
2	支付增值税	06913858			234
3					
备注：					
实报金额（大写）人民币贰仟零叁拾肆元整 ￥2 034					
领导审批	韦洪斌	财务经理	刘萍	部门经理	尹杰	报销人	许培兴

报销日期：2024 年 12 月 10 日

图 8-16 梁溪惠山动力有限公司费用报销单

江苏省增值税专用发票　　No 06913858

发票联　　开票日期：2024 年 12 月 10 日

购买方	名　　称：	梁溪惠山动力有限公司	密码区	
	纳税人识别号：	30700006876596362G		
	地址、电话：	梁溪市惠钱路88号　0510-88254598		
	开户行及账号：	中国工商银行梁溪惠山支行　4281086675009222521		

货物或应税劳务名称	规格型号	单位	数量	单价	金额	税率	税额
*金属制品*滚针		盒	10	180	1 800	13%	234
合计					1 800		234

价税合计（大写）　⊗贰仟零叁拾肆元整　　（小写）¥2 034

销售方	名　　称：	梁溪市大华滚针有限公司	备注	
	纳税人识别号：	32020000785432630K		
	地址、电话：	梁溪市永丰路8号　0510-86327321		
	开户行及账号：	中国农业银行梁溪永丰支行　8972381346750008765		

收款人：　　复核人：　　开票人：殷平　　销售方：（章）

第三联：发票联　购买方记账凭证

图 8-17 江苏省增值税专用发票

梁溪惠山动力有限公司收料单

2024 年 12 月 10 日　　　　　第 1002 号

供货单位：梁溪市大华滚针有限公司
发票号码：06913858　　　材料大类：原材料　　　单位：元

材料编号	名称	规格	单位	数量		实际价格			计划价格	
				发票	实收	单价	金额	其中：运杂费	单价	金额
	滚针		盒	10	10	180	1 800			

制单：王新　　验收：黄玲　　主管：张杰　　记账：

图 8-18 梁溪惠山动力有限公司收料单

项目8 出纳岗位业务实务操作

| 中国工商银行
转账支票存根 （苏）
Ⅵ
附加信息_____
_____
_____
出票日期：　年　月　日
收款人：
金　额：
用　途：
单位主管　　会计 | 本支票付款期限十天 | 中国工商银行 转账支票（苏）　　Ⅵ
出票日期（大写）　年　月　日　付款行名称：
收款人：　　　　　　　出票人账号：

人民币　　十　万　千　百　十　元　角　分
（大写）

用途_____
上列款项请从
我账户内支付
出票人签章　　　　　　　　　复核　　记账 |

图 8-19　中国工商银行转账支票（苏）

中国工商银行进账单（回　单）　　1

年　月　日　　　　　　　　第　号

出票人	全　称		收款人	全　称		此联是收款人开户银行交给收款人的回单
	账　号			账　号		
	开户银行			开户银行		

人民币 （大写）		千	百	十	万	千	百	十	元	角	分

票据种类		票据张数	
票据号码			

单位主管　　会计　　复核　　记账　　　　　　　　　持票人开户行盖章

图 8-20　中国工商银行进账单（回单）

【业务 10】

梁溪惠山动力有限公司费用报销单

购物（或业务往来）日期：2024 年 12 月 11 日			背面附原始凭证 1 张		
	内　　容	发 票 号	单 价	数 量	金 额
1	增值税	38028323000124389			12 838.57
2					

备注：

实报金额（大写）人民币壹万贰仟捌佰叁拾捌元伍角柒分　　　¥12 838.57

| 领导审批 | 韦洪斌 | 财务经理 | 刘萍 | 部门经理 | 鲁聚业 | 报销人 | 吴菲 |

报销日期：2024 年 12 月 11 日

图 8-21　梁溪惠山动力有限公司费用报销单

项目8 出纳岗位业务实务操作

ICBC 中国工商银行 单位客户专用回单

转账日期：2024 年 12 月 11 日　　　　　　　　　　凭证字号：1281801200076239

纳税人全称：梁溪惠山动力有限公司
纳税人识别号（信用代码）：30700006876596362G
付款人全称：梁溪惠山动力有限公司　　　　　咨询（投诉）电话：12366
付款人账号：428108675009222521　　　　　征收机关名称（委托方）：梁溪惠山区税务局
付款人开户银行：中国工商银行梁溪惠山支行　收缴国库（银行）：国家金库梁溪市惠山支库
小写（合计）金额：¥12 838.57　　　　　　　缴款书流水号：306518765499772288877222
大写（合计）金额：人民币壹万贰仟捌佰叁拾捌元伍角柒分　税票号码：38028323000124389

税（费）名称	所属时间	实缴金额
增值税	20241101—20241131	12 838.57

复核：　　　　　　　　经办：　　　　　　　　打印日期：2024-12-11

图 8-22　中国工商银行单位客户专用回单

【业务 11】

梁溪惠山动力有限公司费用报销单

	购物（或业务往来）日期：2024 年 12 月 11 日		背面附原始凭证 1 张		
	内　　容	发 票 号	单 价	数 量	金 额
1	城市维护建设税	38028323000124390			898.7
2	教育费附加	38028323000124390			385.16
3	地方教育附加	38028323000124390			256.77
备注					
实报金额（大写）人民币壹仟伍佰肆拾元陆角叁分			¥1 540.63		
领导审批	韦洪斌	财务经理	刘萍	部门经理	鲁聚业	报销人	吴菲

报销日期：2024 年 12 月 11 日

图 8-23　梁溪惠山动力有限公司费用报销单

ICBC 中国工商银行 单位客户专用回单

转账日期：2024 年 12 月 11 日　　　　　　　　　　凭证字号：1281801200076240

纳税人全称：梁溪惠山动力有限公司
纳税人识别号（信用代码）：30700006876596362G
付款人全称：梁溪惠山动力有限公司　　　　　咨询（投诉）电话：12366
付款人账号：428108675009222521　　　　　征收机关名称（委托方）：梁溪惠山区税务局
付款人开户银行：中国工商银行梁溪惠山支行　收缴国库（银行）：国家金库梁溪市惠山支库
小写（合计）金额：¥1 540.63　　　　　　　　缴款书流水号：306518765499772288877222
大写（合计）金额：人民币壹仟伍佰肆拾元陆角叁分　税票号码：38028323000124390

税（费）名称	所属时间	实缴金额
城市维护建设税	20241101—20241131	898.7
教育费附加	20241101—20241131	385.16
地方教育附加	20241101—20241131	256.77

复核：　　　　　　　　经办：　　　　　　　　打印日期：2024-12-11

图 8-24　中国工商银行单位客户专用回单

【业务12】

梁溪惠山动力有限公司费用报销单

购物（或业务往来）日期：2024 年 12 月 12 日			背面附原始凭证 2 张		
	内　容	发 票 号	单 价	数 量	金 额
1	代垫运杂费	12684			2 500
2					
备注：					
实报金额（大写）人民币贰仟伍佰元整　　　　　　￥2 500					
领导审批	韦洪斌	财务经理　刘萍	部门经理　尹杰	报销人	朱明

报销日期：2024 年 12 月 6 日

图 8-25　梁溪惠山动力有限公司费用报销单

产品发运清单

2024 年 12 月 12 日　　　　　　　　　　　　　单位：元

购货单位	发票号码	运输方式	运杂费				备注
			运费	保险费	其他	合计	
昆明机械有限公司	12684	火运	2 300	200		2 500	
合计						2 500	

制单：朱明

图 8-26　产品发运清单

```
中国工商银行
转账支票存根（苏）
Ⅵ10815318

附加信息_____

出票日期：2024 年 12 月 12 日
收款人：昆明机械有限公司
金　额：￥2 500.00
用　途：支付运杂费
单位主管 韦洪斌　会计 郭建生
```

图 8-27　中国工商银行转账支票存根（苏）

【业务13】

江苏省增值税专用发票   No 10991860

此联不作报销、扣款使用   开票日期：2024 年 12 月 13 日

购买方	名　　　称：昆明机械有限公司
	纳税人识别号：42310000265733640D
	地址、电话：昆明市长江东路115号　0871-48752369
	开户行及账号：中国工商银行昆明南阳支行　630421007630289765

密码区

货物或应税劳务名称	规格型号	单位	数量	单价	金额	税率	税额
*金属制品*增压机		台	25	1 400	35 000	13%	4 550
合计					35 000		4 550

价税合计（大写）　⊗叁万玖仟伍佰伍拾元整　（小写）¥39 550

销售方	名　　　称：梁溪惠山动力有限公司
	纳税人识别号：30700006876596362G
	地址、电话：梁溪市惠钱路88号　0510-88254598
	开户行及账号：中国工商银行梁溪惠山支行　428108675009222521

备注：（合同号 2024 箱 02176）

收款人：　　　复核人：　　　开票人：李华　　　销售方：（章）

图 8-28　江苏省增值税专用发票

ICBC 中国工商银行　单位客户专用回单   No 992

币别：人民币　　　2024 年 12 月 13 日　　　流水号：2765448736727696543

付款人	全称	昆明机械有限公司	收款人	全称	梁溪惠山动力有限公司
	账号	630421007630289765		账号	428108675009222521
	开户行	中国工商银行昆明南阳支行		开户行	中国工商银行梁溪惠山支行

金额	人民币（大写）肆万贰仟零伍拾元整	千 百 十 万 千 百 十 元 角 分
		¥　　　　4 2 0 5 0 0 0

凭证种类	电子转账凭证	凭证号码	6782486063
结算方式	转账	用途	货款、运费

打印柜员：320654202
打印机构：中国工商银行梁溪惠山支行
打印卡号：432000000012986

打印时间：2024-12-13　　　交易柜员：　　　交易机构：32176721

图 8-29　中国工商银行单位客户专用回单

【业务 14】

梁溪惠山动力有限公司付款申请书

2024 年 12 月 16 日

用途	金　　　额										收款单位：	南京曙光机电有限公司
支付货款	亿	千	百	十	万	千	百	十	元	角	分	账　号： 365891222365008956
				¥	5	0	0	0	0	0	0	开户行： 中国农业银行支行西藏路支行
金额大写（合计）	人民币伍万元整										电汇□　转账□　汇票□　网银☑	
总经理	韦洪斌		财务部门	经理		刘萍			经办部门	经理		景雯
				会计		郭建生				经办人		吴东

图 8-30　梁溪惠山动力有限公司付款申请书

ICBC 中国工商银行结算业务申请书　　No

申请日期　　年　月　日

业务类型	□银行汇票　□银行本票　□电汇	□转账　　□现金								
申请人	全　称	收款人	全　称								
	账　号		账　号								
	开户行		开户行								
金额	（大写）	千	百	十	万	千	百	十	元	角	分
申请人签章		支付密码									
		附加信息及用途	电汇时选择　普通□　加急□								

主管：　　　　　　复核：　　　　　　记账：

第一联 银行记账凭证

图 8-31　中国工商银行结算业务申请书

【业务 15】

中国工商银行　转账支票（苏）　VII0553283

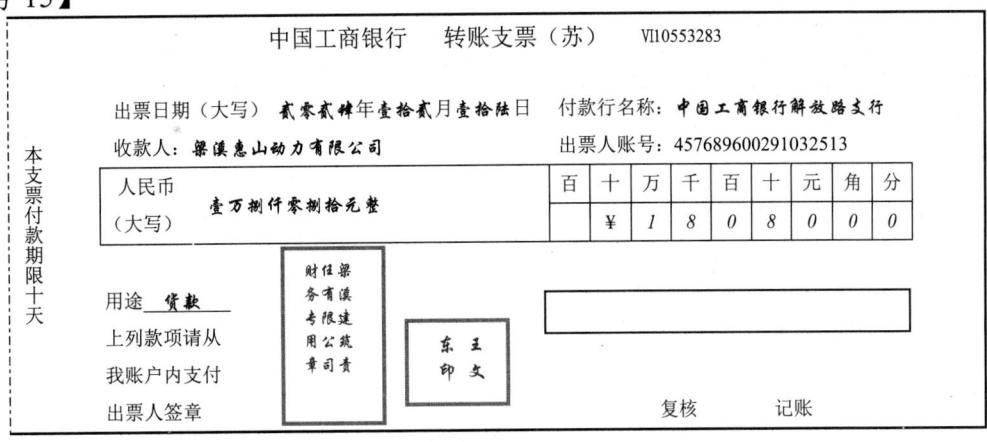

出票日期（大写）　贰零贰肆年壹拾贰月壹拾陆日　付款行名称：中国工商银行解放路支行
收款人：梁溪惠山动力有限公司　出票人账号：457689600291032513

人民币（大写）　壹万捌仟零捌拾元整　　￥1 8 0 8 0 0 0

用途　货款
上列款项请从
我账户内支付
出票人签章　　　　　　　复核　　记账

本支票付款期限十天

图 8-32　中国工商银行转账支票（苏）

江苏省增值税专用发票

No 07335612

此联不作报销抵扣款使用　　开票日期：2024 年 12 月 16 日

购买方	名　　称：梁溪建筑责任有限公司 纳税人识别号：320206633490687983 地　址、电话：梁溪市解放路31号　0510-85195346 开户行及账户：中国工商银行解放路支行　457689600291032513	密码区	

货物或应税劳务名称	规格型号	单位	数量	单价	金额	税率	税额
*金属制品*发电机组		台	1	16 000	16 000	13%	2 080
合计					16 000		2 080

价税合计（大写）　⊗壹万捌仟零捌拾元整　　　（小写）¥18 080

销售方	名　　称：梁溪惠山动力有限公司 纳税人识别号：30700006876596362G 地　址、电话：梁溪市惠钱路88号　0510-88254598 开户行及账号：中国工商银行梁溪惠山支行　4281086750092225 21	备注	（发票专用章）

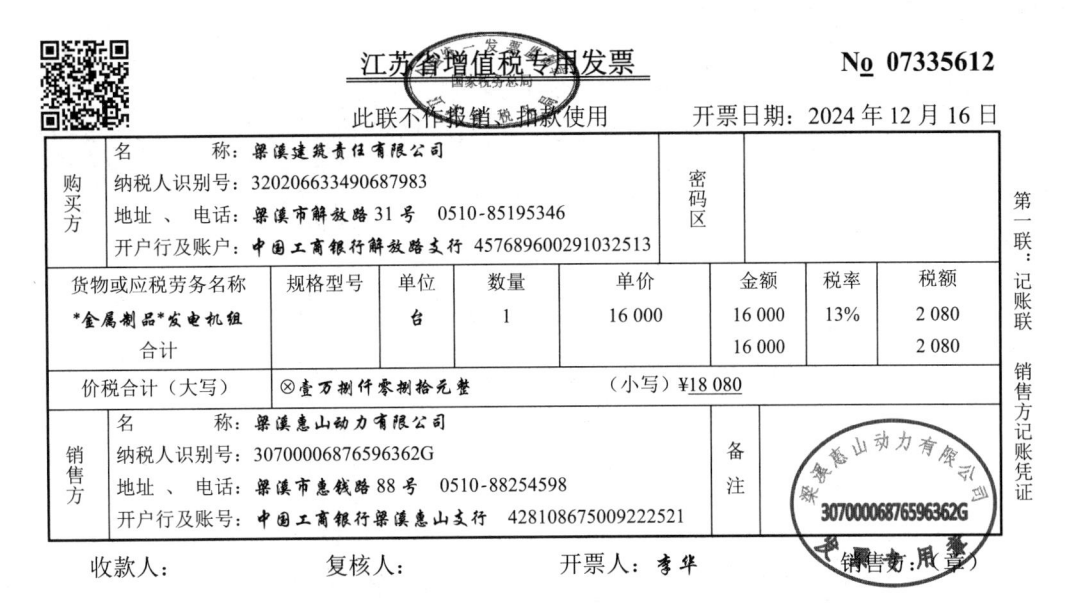

收款人：　　　　复核人：　　　　开票人：李华　　　　销售方：（盖章）

图 8-33　江苏省增值税专用发票

中国工商银行进账单（回单）　　1

年　月　日

出票人	全　称			收款人	全　称										
	账　号				账　号										
	开户银行				开户银行										
人民币（大写）						千	百	十	万	千	百	十	元	角	分
票据种类		票据张数													
票据号码															
单位主管		会计	复核	记账		持票人开户行盖章									

图 8-34　中国工商银行进账单（回单）

【业务 16】

梁溪惠山动力有限公司费用报销单

购物（或业务往来）日期：2024 年 12 月 17 日　　　　背面附原始凭证 1 张

	内　容	发票号	单价	数量	金额
1	上缴上月所得税	320282300128964			7 150.98
2					
3					

备注：

实报金额（大写）人民币柒仟壹佰伍拾元玖角捌分　　　¥7 150.98

领导审批	韦洪斌	财务经理	刘萍	部门经理	林涛	报销人	曹薇

报销日期：2024 年 12 月 17 日

图 8-35　梁溪惠山动力有限公司费用报销单

ICBC 中国工商银行 单位客户专用回单

转账日期：2024年12月17日　　　　　　　凭证字号：1281801200076432

纳税人全称：梁溪惠山动力有限公司	
纳税人识别号（信用代码）：30700006876596362G	
付款人全称：梁溪惠山动力有限公司	咨询（投诉）电话：12366
付款人账号：428108675009222521	征收机关名称（委托方）：梁溪惠山区税务局
付款人开户银行：中国工商银行梁溪惠山支行	收缴国库（银行）：国家金库梁溪市惠山支库
小写（合计）金额：¥7 150.98	缴款书流水号：306518765499772288779543
大写（合计）金额：人民币柒仟壹佰伍拾元玖角捌分	税票号码：32028323000128964

税（费）名称	所属时间	实缴金额
所得税	20241101—20241131	7 150.98

复核：　　　　　　　经办：　　　　　　　打印日期：2024-12-17

图 8-36　中国工商银行单位客户专用回单

【业务17】

江苏省增值税专用发票　　No 04278182

此联不作报销、扣款使用　　开票日期：2024 年 12 月 18 日

购买方	名　称：梁溪市电机有限公司	密码区
	纳税人识别号：32020000644128954S	
	地址、电话：梁溪市红星路78号 0510-86912335	
	开户行及账号：梁溪商业银行中山支行 4976864523 51176420	

货物或应税劳务名称	规格型号	单位	数量	单价	金额	税率	税额
*交通运输设备*废料		千克	100	3	300	13%	39
合计					300		39

价税合计（大写）　⊗叁佰叁拾玖元整　　（小写）¥339

销售方	名　称：梁溪惠山动力有限公司	备注
	纳税人识别号：30700006876596362G	
	地址、电话：梁溪市惠钱路88号 0510-88254598	
	开户行及账号：中国工商银行梁溪惠山支行 428108675009222521	

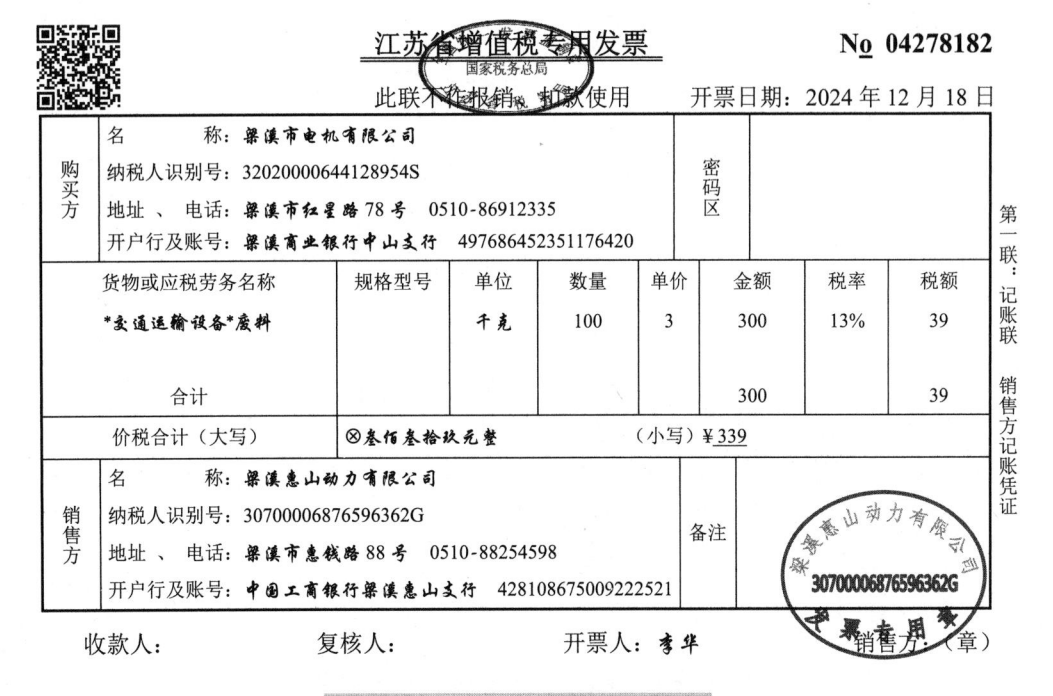

收款人：　　　　复核人：　　　　开票人：李华　　　销售方：（章）

图 8-37　江苏省增值税专用发票

【业务18】

梁溪惠山动力有限公司出差费用报销单

出差事由	签订合同			填报日期：2024年12月18日					附原始凭证 4张		
月	日	起止时间	起讫地点	车船费 车次	车船费 金额	途中补贴 金额	住勤补贴 天数	住勤补贴 金额	误餐补贴 中 晚 金额	旅馆费	市内交通费	行李搬运费	其他
12	10	午 时 分 / 午 时 分	梁溪至南通		80					2 400			
12	17	午 时 分 / 午 时 分	南通至梁溪		90		8	1 600					
		支 出 小 计			170			1 600		2 400			
预支金额	5 000	应付（退）金额	830	支出金额（大写）	人民币 肆仟壹佰柒拾元整								
领导审核	韦洪斌	财务经理	刘萍	部门经理	赵刚	报销人	夏铭						

图 8-38　梁溪惠山动力有限公司出差费用报销单

收　据　　　　　　　　　　　　No

年　月　日

交款单位＿＿＿＿＿＿＿＿＿＿＿＿　　收款方式＿＿＿＿＿＿

人民币（大写）＿＿＿＿＿＿＿＿＿　　¥＿＿＿＿＿＿

收款事由＿＿＿＿＿＿＿＿＿＿＿＿＿＿＿＿＿＿

年　月　日

单位盖章　　财务主管　　记账　　出纳　　审核　　经办

二客户联

图 8-39　收据

江苏省公路汽车客票

始发地—目的地	票价/元	票种	承运人	班车类别	车型
梁溪—南通	80	全	快客公司	直达	大型
乘车日期	开车时间	车次	座号	上车地点	检票口	工号
2024-12-10	9:00	KK5231	8	南广场	2	056

一、票价内含各种代收费用。
二、限乘当日当次车，过期、涂改、污染、撕损即失效。

图 8-40　江苏省公路汽车客票（一）

江苏省公路汽车客票

始发地—目的地	票价（元）	票种	承运人	班车类别	车型
南通—梁溪	90	全	快客公司	直达	中型
乘车日期	开车时间	车次	座号	上车地点	检票口	工号
2024-12-17	14:00	KB0146	5	东车站	5	156

一、票价内含各种代收费用。

二、限乘当日当次车，过期、涂改、污染、撕损即失效。

图 8-41 江苏省公路汽车客票（二）

江苏省增值税专用发票   No 03288212

发票联   开票日期：2024 年 12 月 17 日

购买方	名称：梁溪惠山动力有限公司
	纳税人识别号：30700006876596362G
	地址、电话：梁溪市惠钱路88号 0510-88254598
	开户行及账号：中国工商银行梁溪惠山支行 428108675009222521

货物或应税劳务名称	规格型号	单位	数量	单价	金额	税率	税额
*住宿服务*住宿费		天	7	323.45	2 264.15	6%	135.85
合计					¥2 264.15		¥135.85

价税合计（大写） ⊗贰仟肆佰元整   （小写）¥2 400

销售方	名称：南通速8酒店有限公司
	纳税人识别号：912200002054342870
	地址、电话：南通市向阳路66号 0510-65433999
	开户行及账户：中国工商银行南通向阳支行 640008675466338439

收款人：   复核人：   开票人：李芳

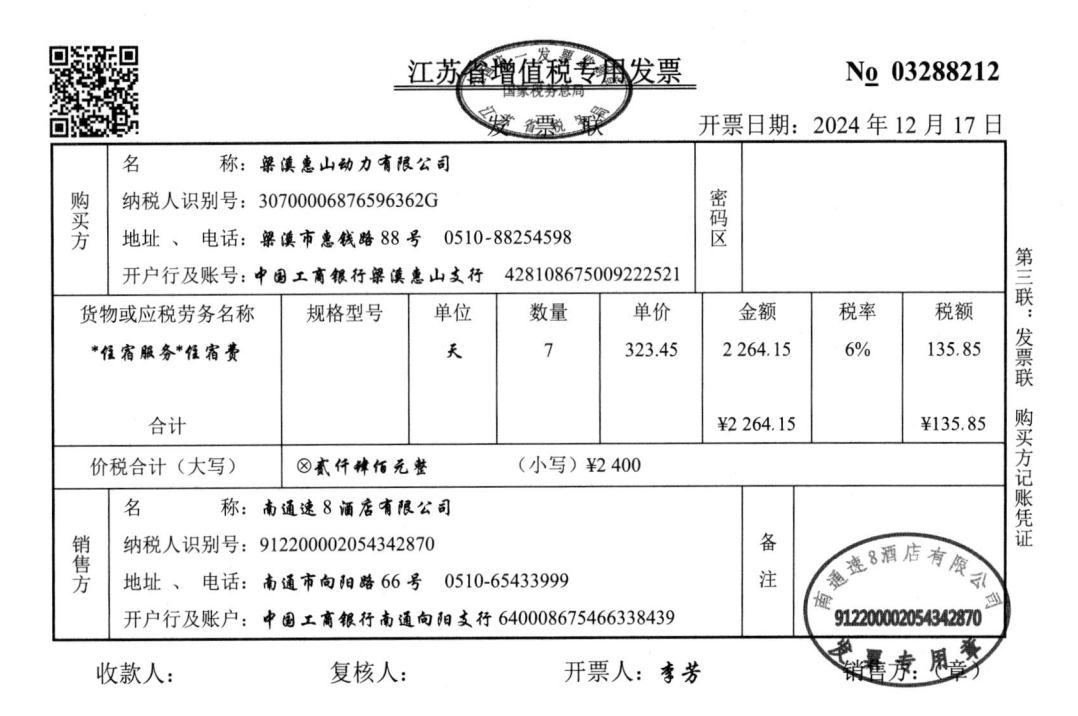

图 8-42 江苏省增值税专用发票

【业务 19】

借款申请单

2024 年 12 月 18 日

借款单位	设计科张平			
用途	出差预借差旅费	现金付讫		
金额（大写）人民币叁仟元整		¥3 000		
还款计划	2024 年 12 月 22 日			
领导批准	韦洪斌	财务审批	刘萍	部门审批	章绕	出纳付款	曾薇
借款人	张平	备注		

图 8-43 借款申请单

项目8　出纳岗位业务实务操作

【业务20】

<u>梁溪惠山动力有限公司</u>费用报销单

购物（或业务往来）日期：2024年12月20日			背面附原始凭证2张		
	内　　容	发 票 号	单 价	数 量	金 额
1	水费	03298298	3.050 7	1 120.228	3 520
2					
3					
备注：					
实报金额（大写）人民币叁仟伍佰贰拾元整				¥3 520	
领导审批	韦洪斌	财务经理	刘萍	部门经理	尤敏	报销人	张刚

图8-44　梁溪惠山动力有限公司费用报销单

ICBC 中国工商银行　　　　　　　　　　凭证

日期　　2024年12月20日　　　　　业务回单（付款）

回单编号：18062000778

付款人户名：梁溪惠山动力有限公司　　付款人开户行：中国工商银行梁溪惠山支行

付款人账号：428108675009222521

收款人户名：梁溪市自来水公司　　　　收款人开户行：中国工商银行梁溪市通扬支行

收款人账号：499600007522876644

金额：叁仟伍佰贰拾元整　　　　　　　小写：3 520元

业务（产品）种类　　　　　凭证种类：00000000　　　凭证号码：00000000000000000000

摘要：水费　　　　　　　　用途：　　　　　　　　　币种：人民币

交易机构：0110300421　　　记账柜员：00018　　　　交易代码：45296　　　渠道：网上银行

附言：

支付交易序号：61157424　　报文种类：大客户发起汇兑业务　　委托日期：2024年12月20日

业务类型：普通汇兑　　　　指令编号：HQP14180654　　　　　提交人：王

本回单为第一次打印，注意重复　　打印日期：2024年12月20日　　打印柜员：8　　验证码：0FBE6CA7786

图8-45　中国工商银行业务回单（付款）

江苏省增值税专用发票　　　　　　　　No 03298298

发票联　　　　　　　　　　　　　　　　开票日期：2024年12月20日

购买方	名　　　称：梁溪惠山动力有限公司 纳税人识别号：30700006876596362G 地址、电话：梁溪市惠钱路88号　0510-88254598 开户行及账号：中国工商银行梁溪惠山支行　428108675009222521				密码区		
货物或应税劳务名称	规格型号	单位	数量	单价	金额	税率	税额
*供水*水费		吨	1 120.228	3.050 7	3 417.48	3%	102.52
合计					¥3 417.48		¥102.52
价税合计（大写）	⊗叁仟伍佰贰拾元整			（小写）¥3 520			
销售方	名　　　称：梁溪市自来水总公司 纳税人识别号：91323209966333342D 地址、电话：梁溪市通扬路38号　0510-82106688 开户行及账户：中国工商银行梁溪通扬支行　499600007522876644				备注		

收款人：　　　复核人：　　　开票人：苗玉　　　销售方：（章）

图8-46　江苏省增值税专用发票

【业务 21】

梁溪惠山动力有限公司费用报销单

购物（或业务往来）日期：2024 年 12 月 23 日			背面附原始凭证 3 张		
	内　容	发 票 号	单 价	数 量	金 额
1	银行代发12月份工资				317 116
2					
备注：					
实报金额（大写）人民币叁拾壹万柒仟壹佰壹拾陆元整				¥317 116	
领导审批 韦洪斌	财务经理 刘萍		部门经理 尤敏	报销人	曹薇

报销日期：2024 年 12 月 23 日

图 8-47　费用报销单

ICBC 中国工商银行　单位客户专用回单　No 997

币别：人民币　　　2024 年 12 月 23 日　　　流水号：2765448736727865886

付款人	全　称	梁溪惠山动力有限公司	收款人	全　称	
	账　号	428108675009222521		账　号	
	开户行	中国工商银行梁溪惠山支行		开户行	

金　额	人民币（大写）叁拾壹万柒仟壹佰壹拾陆元整	千 百 十 万 千 百 十 元 角 分
		¥　　　3 1 7 1 1 6 0 0

凭证种类	电子转账凭证	凭证号码	4665374681
结算方式	转账	用　途	工资

打印柜员：320654202
打印机构：中国工商银行梁溪惠山支行
打印卡号：432000000012563

（借方凭证）（付款人回单）

打印时间：2024-12-23　　　交易柜员：　　　交易机构：32176813

图 8-48　中国工商银行单位客户专用回单

中国工商银行
转账支票存根（苏）
VI10815316

附加信息 _____
_____

出票日期：2024 年 12 月 23 日
收款人：本单位工资户
金　额：¥317 116
用　途：银行代发12月份工资

单位主管 韦洪斌　　会计 郭建生

图 8-49　中国工商银行转账支票存根（苏）

项目8 出纳岗位业务实务操作

表 8-1　工资结算汇总表

单位：元

部门	应发工资	个人缴纳社保费	个人缴纳公积金	个人缴纳所得税	实发工资
总经办	38 600	4 053	3 088	421	31 038
行政部	12 400	1 302	992		10 106
生产部	16 900	1 774.5	1 352	68.25	13 705.25
财务部	23 500	2 467.5	1 880	81.75	19 070.75
市场部	11 700	1 228.5	936		9 535.5
采购部	13 400	1 407	1 072		10 921
仓储部	9 500	997.5	760		7 742.5
生产车间	187 600	19 698	15 008		152 894
辅助车间	76 200	8 001	6 096		62 103
合计	389 800	40 929	31 184	571	317 116

审批：韦洪斌　　　　制单：王新　　　　复核：郭建生

【业务 22】

梁溪惠山动力有限公司费用报销单

购物（或业务往来）日期：2024 年 12 月 23 日						背面附原始凭证 2 张
	内　　容	发 票 号	单 价	数 量	金 额	
1	2025 年报刊订阅费	0033020			885	
2						
备注：							
实报金额（大写）人民币捌佰捌拾伍元整						￥885	
领导审批	韦洪斌	财务经理	刘萍	部门经理	尤敏	报销人	张刚

报销日期：2024 年 12 月 23 日

图 8-50　梁溪惠山动力有限公司费用报销单

邮发 011　　　中国邮政报刊费收据

户　名：梁溪惠山动力有限公司　　　　　　　日期：2025 年度
地　址：梁溪市惠钱路 88 号　　　　　　　　No：0033020
查询号：3202070000040418　　　　　收订局：梁溪市邮政局金杨支局

序号	报刊代号	报刊名称	起止订期	份数	定价	款额	备注
1	1-16	梁溪日报	0101-0630	1	24	288	
2	1-41	人民日报	0101-0630	1	25	300	
3	1-68	梁溪晚报	0101-0630	1	24.75	297	
共计款额（大写）捌佰捌拾伍元整						￥885	

营业员：曹平　　　　章戳：　　　　2024 年 12 月 23 日

图 8-51　中国邮政报刊费收据

项目8　出纳岗位业务实务操作

ICBC　中国工商银行　单位客户专用回单　№ 998

币别：人民币　　　2024 年 12 月 23 日　　　流水号：2765448736727867432

付款人	全称	梁溪惠山动力有限公司	收款人	全称	梁溪市邮政局金杨支局
	账号	428108675009222521		账号	323232099777003420
	开户行	中国工商银行梁溪惠山支行		开户行	中国交通银行梁溪通扬支行

金额	人民币（大写）捌佰捌拾伍元整	千	百	十	万	千	百	十	元	角	分
					¥	8	8	5	0	0	

凭证种类	电子转账凭证	凭证号码	46653746900
结算方式	转账	用途	报刊订阅费

打印柜员：320654202
打印机构：中国工商银行梁溪惠山支行
打印卡号：432000000012765

打印时间：2024-12-23　　交易柜员：　　交易机构：32176813

（借方凭证）（付款人回单）

图 8-52　中国工商银行单位客户专用回单

【业务 23】

梁溪惠山动力有限公司出差费用报销单

出差事由	洽谈业务					填报日期：2024 年 12 月 24 日				附原始凭证 2 张		
月	日	起止时间	起讫地点	车船费		途中补贴	住勤补贴		误餐补贴		旅馆费	市内交通费	行李搬运费	其他
				车次	金额	金额	天数	金额	中	晚	金额			
12	18	午 时 分	梁溪至彭城											
		午 时 分												
12	24	午 时 分	彭城至梁溪											
		午 时 分												
支 出 小 计														
预支金额		应付（退）金额		支出金额（大写）		人民币								
领导审核	韦洪斌	财务经理	刘萍	部门经理	赵刚	报销人	张平

注：住勤补贴每天 200 元，计 7 天（无其他费用）。

图 8-53　梁溪惠山动力有限公司出差费用报销单

图 8-54　火车票

图 8-55　火车票

江苏省增值税专用发票　No 03287215

开票日期：2024 年 12 月 24 日

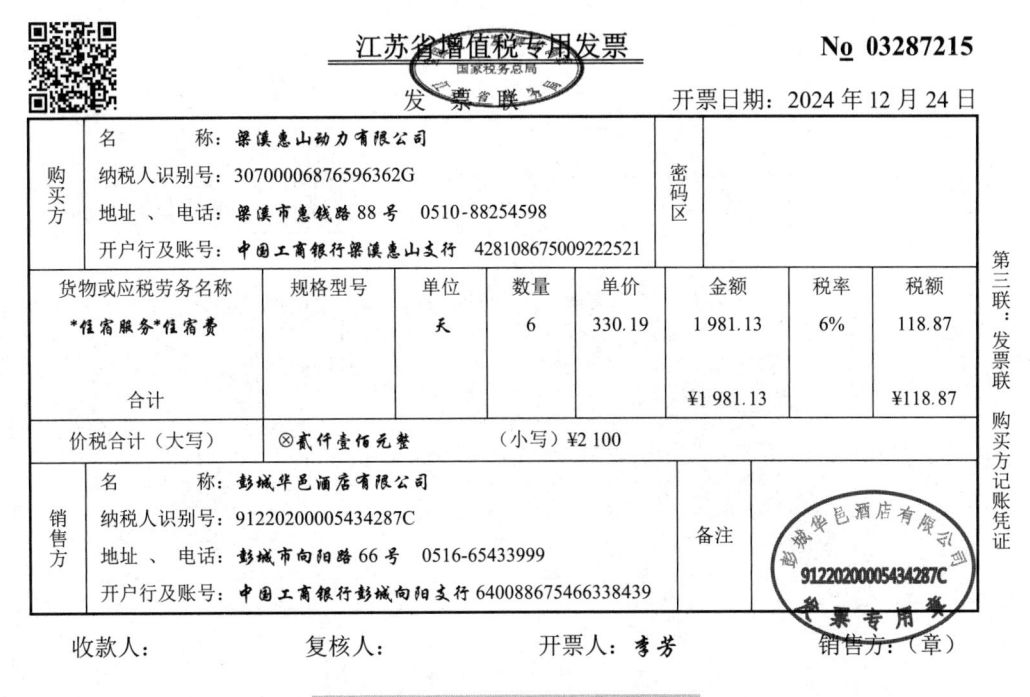

购买方	名　　　称：梁溪惠山动力有限公司 纳税人识别号：30700006876596362G 地址、电话：梁溪市惠钱路88号　0510-88254598 开户行及账号：中国工商银行梁溪惠山支行　4281086675009222521	密码区				
货物或应税劳务名称	规格型号	单位	数量	单价	金额	税率	税额
*住宿服务*住宿费		天	6	330.19	1 981.13	6%	118.87
合计					¥1 981.13		¥118.87
价税合计（大写）	⊗ 贰仟壹佰元整	（小写）¥2 100					
销售方	名　　　称：彭城华邑酒店有限公司 纳税人识别号：91220200005434287C 地址、电话：彭城市向阳路66号　0516-65433999 开户行及账号：中国工商银行彭城向阳支行　6400886675466338439	备注					

收款人：　　复核人：　　开票人：李芳　　销售方：（章）

图 8-56　江苏省增值税专用发票

项目8 出纳岗位业务实务操作

【业务24】

ICBC 中国工商银行 托收凭证（受理回单） 1

委托日期 2024 年 12 月 24 日　　　第 003503 号

业务类型	委托收款（□邮划、☑电划）		托收承付（□邮划、□电划）		
收款人	全称	梁溪惠山动力有限公司	付款人	全称	苏州虎丘文具有限公司
	账号	428108675009222521		账号	425646400117767772
	地址	江苏省梁溪市	开户行	中国工商银行梁溪惠山支行	地址	江苏省苏州市	开户行	中国银行苏州虎丘支行

| 金额 | 人民币（大写）陆万元整 | 千百十万千百十元角分 ¥ 6 0 0 0 0 0 0 0 |

| 款项内容 | 货款 | 托收凭据名称 | 银行承兑汇票 | 附寄单证张数 | 1 |

| 商品发运情况 | | 合同名称号码 | |

| 备注 | | 款项收妥日期 | 收款人开户银行签章（印章：中国工商银行梁溪惠山支行 102302002662 业务专用章） |
| 复核　　记账 | | 年　月　日 | |

此联是收款人开户银行给收款人的受理回单

图 8-57　中国工商银行托收凭证（受理回单）

【业务25】

借款借据（入账通知）　　　壹

单位编号：890　　借款日期：2024 年 12 月 24 日　　借据编号：0589

收款单位	名称	梁溪惠山动力有限公司	借款单位	名称	
	往来户账号	428108675009222521		放款户账号	
	开户银行	中国工商银行梁溪惠山支行		开户银行	

| 借款金额 | 叁拾捌万元整 | 百十万千百十元角分 ¥ 3 8 0 0 0 0 0 0 |

| 借款原因及用途 | 材料到货（临时借款） | 借款计划指标 | |

借款期限			你单位上列借款，已转入你单位结算户内。借款到期时由我行按期自你单位结算户转还。
期次	计划还款日期	√	计划还款金额	此致
1	2025.3.24		380 000	借款单位
2				（银行盖章）
3				
备注：				

（印章：中国工商银行梁溪惠山支行 2024.12.23 办讫章 (02)）

此联由银行退借款单位作为入账通知

图 8-58　借款借据（入账通知）

项目8　出纳岗位业务实务操作

【业务26】

江苏省增值税专用发票

No 08724193

国家税务总局

此联不作报销、扣款使用　　　开票日期：2024 年 12 月 25 日

购买方	名　　　称：	沈阳铁路工务段						
	纳税人识别号：	34523000078922110J						密码区
	地址、电话：	沈阳市大同路66号　024-93451230						
	开户行及账号：	中国工商银行沈阳铁路支行　976864500657215245						

货物或应税劳务名称	规格型号	单位	数量	单价	金额	税率	税额
*商品*发电机组		台	2	15 000	300 00	13%	3 900
合计					30 000		3 900

价税合计（大写）	⊗叁万叁仟玖佰元整	（小写）¥33 900

销售方	名　　　称：	梁溪惠山动力有限公司	备注
	纳税人识别号：	30700006876596362G	
	地址、电话：	梁溪市惠钱路88号　0510-88254598	
	开户行及账号：	中国工商银行梁溪惠山支行　4281086750009222521	

收款人：　　　复核人：　　　开票人：李华　　　销售方：（章）

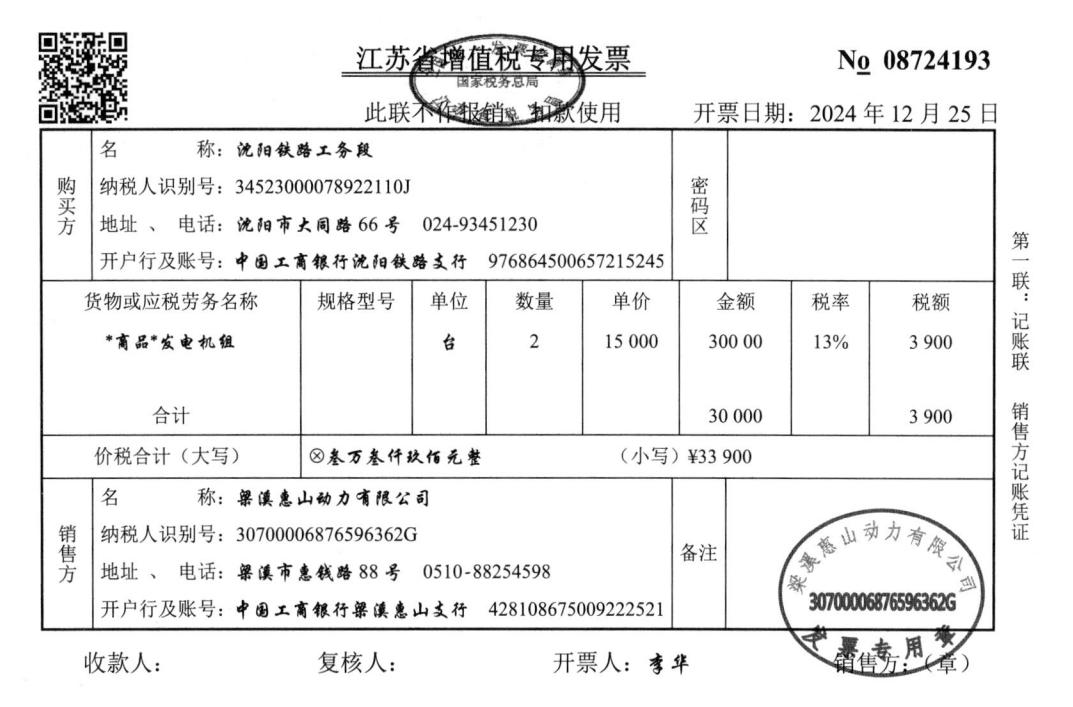

第一联：记账联　销售方记账凭证

图 8-59　江苏省增值税专用发票

付款期限 壹个月	中国工商银行 银 行 汇 票 2	XI00526377 第 78978756 号

出票日期（大写）	贰零贰肆年壹拾贰月壹拾捌日	代理付款行：	中国工商银行梁溪惠山支行
		行　号：	102302002662
收款人：	梁溪惠山动力有限公司	账　号：	4281086750009222521
出票金额	人民币（大写）叁万陆仟元整		

实际结算金额	人民币（大写）	千	百	十	万	千	百	十	元	角	分

申请人：　沈阳铁路工务段　　账号或住址：　976864500657215245
出票行：　中国工商银行沈阳铁路支行
备　注：　购货款

凭票付款

出票行签章：（中国工商银行沈阳城中支行 102221000229 汇票专用章）

多余金额

千	百	十	万	千	百	十	元	角	分

科目（借）_____
对方科目（贷）_____
兑付日期：2024 年 12 月 18 日
复核　　　记账

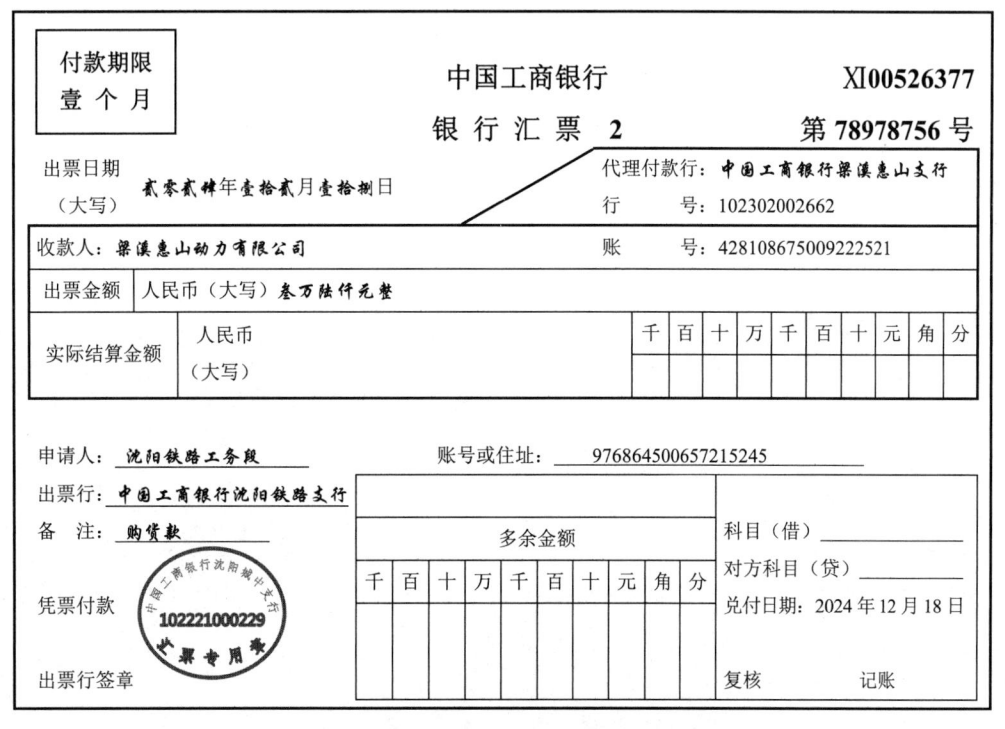

图 8-60　中国工商银行银行汇票

项目8　出纳岗位业务实务操作

付款期限 壹个月	中国工商银行		XI00526377
	银 行 汇 票（解讫通知）　3		第 78978756 号

出票日期（大写）：贰零贰肆年壹拾贰月壹拾捌日

代理付款行：中国工商银行梁溪惠山支行
行　　号：102302002662

收款人：梁溪惠山动力有限公司　　账　号：428108675009222521

出票金额　人民币（大写）叁万陆仟元整

实际结算金额　人民币（大写）　　千百十万千百十元角分

申请人：沈阳铁路工务段　　账号或住址：976864500657215245
出票行：中国工商银行沈阳铁路支行　　科目（贷）：
备　注：购货款　　多余金额　　对方科目（借）：
代理付款行盖章　（盖章：中国工商银行沈阳铁路支行 10222100229 汇票专用章）　千百十万千百十元角分　　转账日期：2024年12月18日
复核　　经办　　　　　　　　　　　　　　　　复核　　记账

图 8-61　中国工商银行银行汇票（解讫通知）

中国工商银行**进账单**（收账通知）　　3

年　月　日　　　　　　　　　　第　号

出票人	全称		收款人	全称	
	账号			账号	
	开户银行			开户银行	

人民币（大写）　　千百十万千百十元角分

票据种类　　　　票据张数
票据号码

持票人开户行盖章

单位主管　会计　复核　记账

此联是收款人开户银行交给收款人的收账通知

图 8-62　中国工商银行进账单（收账通知）

【业务27】

中国工商银行 现金支票存根（苏） VI	中国工商银行　　现金支票（苏）　　VI
附加信息_____ _____ 出票日期：　年　月　日 收款人： 金额： 用途： 单位主管　会计	出票日期（大写）　年　月　日　付款行名称： 收款人：　　　　　　　　　出票人账号： 人民币（大写）　百十万千百十元角分 用途_____ 上列款项请从 我账户内支付 出票人签章　　　　复核　　记账

本支票付款期限十天

图 8-63　中国工商银行现金支票（苏）

163

【业务28】

梁溪惠山动力有限公司费用报销单

购物（或业务往来）日期：2024年12月25日			背面附原始凭证 2 张		
	内　　容	发票号	单价	数量	金额
1	零部件	07335612	360	120	43 200
2	增值税	07335612			5 616
3					
实报金额（大写）人民币肆万捌仟捌佰壹拾陆元整				¥48 816	
领导审批	韦洪斌	财务经理 刘萍	部门经理 方越	报销人	吴君

报销日期：2024年12月25日

图 8-64　梁溪惠山动力有限公司费用报销单

江苏省增值税专用发票　　　No 07335632

开票日期：2024年12月25日

购买方	名　　称：梁溪惠山动力有限公司 纳税人识别号：30700006876596362G 地址、电话：梁溪市惠钱路88号　0510-88254598 开户行及账号：中国工商银行梁溪惠山支行　4281086750009222521	密码区

货物或应税劳务名称	规格型号	单位	数量	单价	金额	税率	税额
*金属制品*零部件		把	120	360	43 200	13%	5 616
合计					¥43 200		¥5 616

价税合计（大写）　⊗肆万捌仟捌佰壹拾陆元整　　　（小写）¥48 816

销售方	名　　称：南京市曙光工具有限公司 纳税人识别号：43030000269763625A 地址、电话：南京市长安街114号　025-57348233 开户行及账号：中国农业银行南京新疆路支行　4367998867535115486	备注

收款人：　　　复核人：　　　开票人：华星　　　销售方：（章）

图 8-65　江苏省增值税专用发票

梁溪惠山动力有限公司收料单

2024年12月25日　　　　　　　　　　　　　　　第1005号

供货单位：南京市曙光工具有限公司

发票号码：07335612　　　材料大类：原材料　　　单位：元

材料编号	名称	规格	单位	数量		实际价格			计划价格	
				发票	实收	单价	金额	其中：运杂费	单价	金额
	零部件		把	120	120	360	43 200			

制单：王新　　验收：黄玲　　主管：张杰　　记账：

图 8-66　梁溪惠山动力有限公司收料单

【业务29】

梁溪惠山动力有限公司费用报销单

购物（或业务往来）日期：2024年12月26日			背面附原始凭证 1 张		
	内 容	发票号	单价	数量	金 额
1	业务招待费	04789775			2 500
2					
备注：					现金付讫
实报金额（大写）人民币贰仟伍佰元整					¥2 500
领导审批 韦洪斌	财务经理 刘萍		部门经理 方超	报销人	吴君

报销日期：2024年12月26日

图 8-67　梁溪惠山动力有限公司费用报销单

江苏省增值税普通发票　　No 04789775

开票日期：2024年12月26日

购买方	名　　称：梁溪惠山动力有限公司 纳税人识别号：30700006876596362G 地址、电话：梁溪市惠钱路88号　0510-88254598 开户行及账号：中国工商银行梁溪惠山支行　4281086750092222521	密码区

货物或应税劳务名称	规格型号	单位	数量	单价	金额	税率	税额
*餐饮服务*餐饮费					2 358.49	6%	141.51
合计					¥2 358.49		¥141.51

价税合计（大写）　⊗贰仟伍佰元整　　（小写）¥2 500

销售方	名　　称：梁溪市九龙湾餐饮有限公司 纳税人识别号：69220200083593464q 地址、电话：梁溪市九龙湾68号　0510-65325777 开户行及账户：交通银行梁溪郊区支行　3232320000099663338	备注

收款人：　　复核人：　　开票人：曹锋　　销售方：（章）

图 8-68　江苏省增值税普通发票

【业务30】

梁溪惠山动力有限公司费用报销单

购物（或业务往来）日期：2024年12月27日			背面附原始凭证 2 张		
	内 容	发票号	单价	数量	金 额
1	运输费	05797434			9 810
2					
备注：本月销售产品运输费					
实报金额（大写）人民币玖仟捌佰壹拾元整					¥9 810
领导审批 韦洪斌	财务经理 刘萍		部门经理 方超	报销人	吴君

报销日期：2024年12月27日

图 8-69　梁溪惠山动力有限公司费用报销单

项目8 出纳岗位业务实务操作

ICBC 中国工商银行　　　　　　　　　　　凭证

日期　2024年12月27日　　　　　　　业务回单　（付款）

回单编号：18062000782

付款人户名：梁溪惠山动力有限公司　　　付款人开户行：中国工商银行梁溪惠山支行
付款人账号：428108675009222521
收款人户名：梁溪市亿佳汇物流有限公司　　收款人开户行：交通银行梁溪江海支行
收款人账号：323232000099988666
金额：玖仟捌佰壹拾元整　　　　　　　　小写：9 810元
业务（产品）种类　　　凭证种类：00000000　　凭证号码：00000000000000000000
摘要：运输费　　　　　用途：　　　　　　　币种：人民币
交易机构：0110300421　记账柜员：00018　　交易代码：45296　　渠道：网上银行
附言：
支付交易序号：61157524　报文种类：大客户发起汇兑业务　委托日期：2024年12月27日
业务类型：普通汇兑　　指令编号：HQP14180654　提交人：皇帝
本回单为第一次打印，注意重复　打印日期：2024年12月27日　打印柜员：8003　验证码：OGBE6CA7786

图8-70　中国工商银行业务回单（付款）

江苏省增值税专用发票　　　　　　　No 05797434

国家税务总局

开票日期：2024年12月27日

| 购买方 | 名　　称：梁溪惠山动力有限公司
纳税人识别号：30700006876596362G
地址、电话：梁溪市惠钱路88号　0510-88254598
开户行及账号：中国工商银行梁溪惠山支行　428108675009222521 | 密码区 | |

货物或应税劳务名称	规格型号	单位	数量	单价	金额	税率	税额
*运输服务*运输费					9 000	9%	810
合计					¥9 000		¥810

| 价税合计（大写） | ⊗玖仟捌佰壹拾元整 | （小写）¥9 810 |

| 销售方 | 名　　称：梁溪市亿佳汇物流有限公司
纳税人识别号：91320200835999666K
地址、电话：梁溪市江海西路666号　0510-65332666
开户行及账号：交通银行梁溪江海支行　323232000099988666 | 备注 | |

收款人：　　　复核人：　　　开票人：王维　　　销售方：（章）

图8-71　江苏省增值税专用发票

【业务31】

ICBC 中国工商银行　托收凭证（收款通知）　4

委托日期 2024 年 12 月 27 日　　　　　付款期限 2024 年 12 月 27 日

业务类型	委托收款（□邮划、☑电划）　托收承付（□邮划、□电划）				
收款人	全称	梁溪惠山动力有限公司	付款人	全称	苏州虎丘文具有限公司
	账号	428108675009222521		账号	4256464001177677772
	地址	江苏省梁溪市	开户行	中国工商银行梁溪惠山支行	地址	江苏省苏州市	开户行	中国银行苏州虎丘支行
金额	人民币（大写）陆万元整			千百十万千百十元角分 ¥　　6 0 0 0 0 0 0 0
款项内容	货款	托收凭据名称	银行承兑汇票	附寄单证张数	1
商品发运情况			合同名称号码		
备注 收款人开户银行收到日期 年　月　日	上列款项已划回收入你方账户。 收款人行开户行签章 （印章：工商银行梁溪惠山支行 102302002662 业务专用章） 2024 年 12 月 27 日		复核　　记账

图 8-72　中国工商银行托收凭证（收款通知）

【业务32】

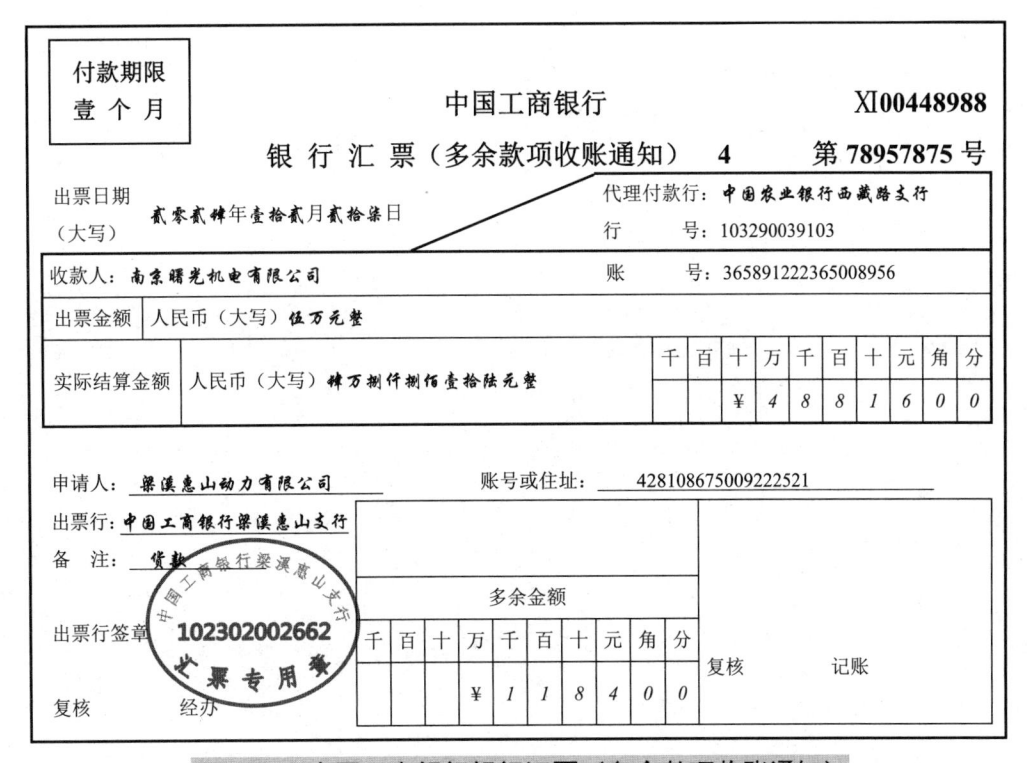

付款期限 壹个月	中国工商银行 银 行 汇 票（多余款项收账通知）　4	XI00448988 第 78957875 号
出票日期（大写）	贰零贰肆年壹拾贰月贰拾柒日	代理付款行：中国农业银行西藏路支行 行　号：103290039103
收款人：南京曙光机电有限公司		账　号：365891222365008956
出票金额	人民币（大写）伍万元整	
实际结算金额	人民币（大写）肆万捌仟捌佰壹拾陆元整	千百十万千百十元角分 ¥　　4 8 8 1 6 0 0
申请人：梁溪惠山动力有限公司	账号或住址：428108675009222521	
出票行：中国工商银行梁溪惠山支行		
备　注：货款		
出票行签章 （印章：中国工商银行梁溪惠山支行 102302002662 汇票专用章） 复核　　经办	多余金额 千百十万千百十元角分 ¥　　　1 1 8 4 0 0	复核　　　记账

图 8-73　中国工商银行银行汇票（多余款项收账通知）

【业务33】

梁溪惠山动力有限公司费用报销单

购物（或业务往来）日期：2024 年 12 月 25 日				背面附原始凭证 2 张		
	内 容	发票号	单价	数量	金额	
1	轴承货款	00176044	500	100	50 000	
2	增值税	00176044			6 500	
3						
备注：							
实报金额（大写）人民币伍万陆仟伍佰元整				¥56 500		
领导审批	韦洪斌	财务经理	刘萍	部门经理	方超	报销人	吴君

报销日期：2024 年 12 月 23 日

图 8-74　梁溪惠山动力有限公司费用报销单

江苏省增值税专用发票　　No 00176044

开票日期：2024 年 12 月 25 日

购买方	名　　　　称：梁溪惠山动力有限公司 纳税人识别号：30700006876596362G 地址、电话：梁溪市惠钱路88号　0510-88254598 开户行及账号：中国工商银行梁溪惠山支行　4281086750092222521	密码区

货物或应税劳务名称	规格型号	单位	数量	单价	金额	税率	税额
*金属制品*轴承		只	100	500	50 000	13%	6 500
合计					¥50 000		¥6 500

价税合计（大写）　⊗伍万陆仟伍佰元整　　　　（小写）¥56 500

销售方	名　　　　称：苏州东方机电有限公司 纳税人识别号：32040000567893422P 地址、电话：苏州市虎丘路88号　0512-59682111 开户行及账号：中国农业银行支行虎丘路支行　4043153635000053211	备注

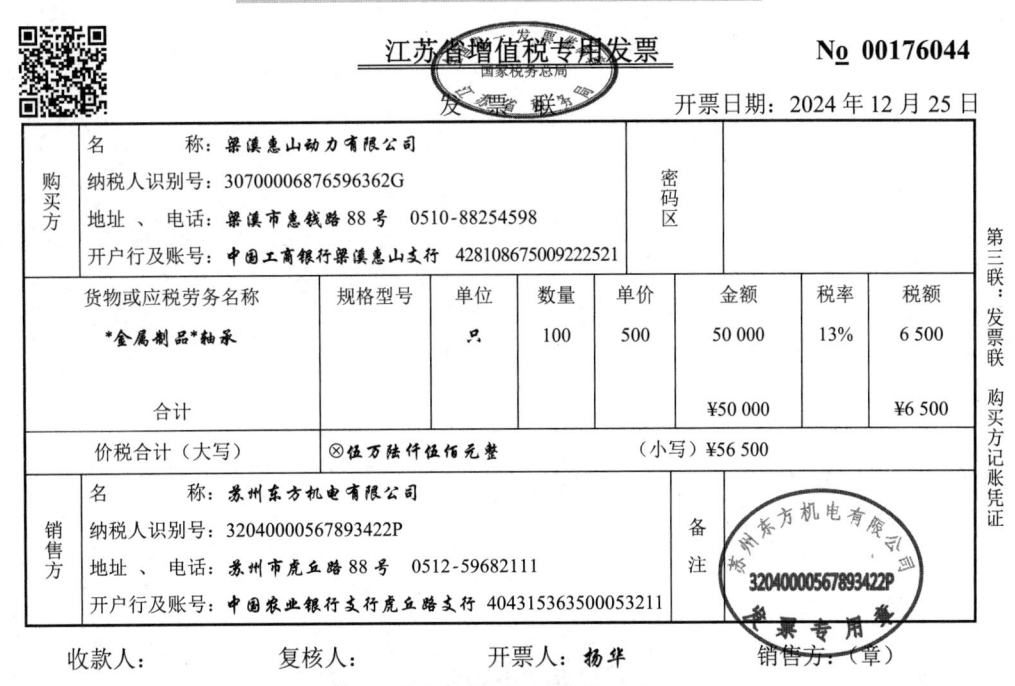

收款人：　　　复核人：　　　开票人：扬华　　　销售方：（章）

图 8-75　江苏省增值税专用发票

梁溪惠山动力有限公司收料单

2024 年 12 月 23 日　　　　　　　　　　　　　第 1010 号

供货单位：苏州东方机电有限公司

发票号码：00176044　　　材料大类：原材料　　　单位：元

材料编号	名称	规格	单位	数量		实际价格			计划价格	
				发票	实收	单价	金额	其中：运杂费	单价	金额
	轴承		只	100	100	500	50 000			

制单：王新　　验收：黄玲　　主管：张杰　　记账：

图 8-76　梁溪惠山动力有限公司收料单

【业务 34】

中国工商银行 现金支票存根（苏） VI	中国工商银行　现金支票（苏）　VI
附加信息 _____ _____ 出票日期：　年　月　日 收款人： 金额： 用途： 单位主管　　会计	出票日期（大写）　年　月　日　付款行名称： 收款人：　　　　　　　　　出票人账号： 人民币（大写）　百十万千百十元角分 用途_____ 上列款项请从 我账户内支付 出票人签章　　　　　复核　　　记账

图 8-77　中国工商银行现金支票（苏）

【业务 35】

梁溪惠山动力有限公司 费用报销单

购物（或业务往来）日期：2024 年 12 月 30 日				背面附原始凭证 1 张	
	内　容	发票号	单价	数量	金额
1	支付抚恤金、丧葬费	#8099			4 500
2					
3					
备注：				现金付讫	
实报金额（大写）人民币肆仟伍佰元整			￥4 500		
领导审批	韦洪斌	财务经理	刘萍	部门经理	许晴	报销人	范英

报销日期：2024 年 12 月 30 日

图 8-78　梁溪惠山动力有限公司费用报销单

抚恤金、丧葬费　发放清单

第 1 页共 1 页

姓　名	摘　要	金　额	签　名	备　注
范英	抚恤金、丧葬费	4 500	范英	
		现金付讫		
合计金额（大写）	人民币肆仟伍佰元整	￥4 500		

制表人　许晴　　　稽核　郭建生　　　批准人　韦洪斌

2024 年 12 月 30 日

图 8-79　抚恤金、丧葬费发放清单

项目8 出纳岗位业务实务操作

【业务36】

中国工商银行支付系统专用凭证　　No 00016377353

报文种类：CMT100　　交易种类：IIUPS　贷记　业务种类：11　支付交易序号：00005705
发起行号：10330505547　　汇款人开户行行号：10330505547　　委托日期：20241229
发起行名称：中国农业银行支行虎丘路支行
汇款人账号：404315363500053211
汇款人名称：苏州东方机电有限公司
汇款人地址：苏州市虎丘路88号
接收行号：102302002017　　收款人开户行行号：102302002017　　收报日期：20241230
收款人账号：428108675009222521
收款人名称：梁溪惠山动力有限公司
收款人地址：梁溪市惠钱路88号
货币符号、金额：RMB 3 500
附言：退余款
会计分录　　借：10201　　贷：21001　　交易所2871　　（直接入账）
流水号：　　　　　打印时间：2024-12-30　13:25:28
第1次打印1　　　入账账号：428108675009222521
　　　　　　　　　入账账号名称：梁溪惠山动力有限公司

（中国工商银行梁溪惠山支行 2024.12.30 办讫章（02））

图8-80　中国工商银行支付系统专用凭证

【业务37】

梁溪惠山动力有限公司费用报销单

购物（或业务往来）日期：2024年12月30日　　背面附原始凭证 2 张

	内　　容	发票号	单价	数量	金额
1	支付广告费	04789872			25 000
2					
3					

备注：
实报金额（大写）人民币贰万伍仟元整　　¥25 000

| 领导审批 | 韦洪斌 | 财务经理 | 刘萍 | 部门经理 | 龚峰 | 报销人 | 陈刚 |

报销日期：2024年12月30日

图8-81　梁溪惠山动力有限公司费用报销单

177

项目8 出纳岗位业务实务操作

江苏省增值税专用发票

No 04789872

开票日期：2024年12月30日

购买方	名称：梁溪惠山动力有限公司 纳税人识别号：30700006876596362G 地址、电话：梁溪市惠钱路88号 0510-88254598 开户行及账号：中国工商银行梁溪惠山支行 428108675009222521	密码区	
货物或应税劳务名称	规格型号	单位	数量	单价	金额	税率	税额
*现代服务*广告制作费					23 584.91	6%	1415.09
合计					¥23 584.91		¥1 415.09
价税合计（大写）	⊗贰万伍仟元整	（小写）¥25 000	
销售方	名称：梁溪新媒体广告有限公司 纳税人识别号：92320200835934644W 地址、电话：梁溪市文良路108号 0510-53794222 开户行及账户：中国农业银行梁溪新桥支行 3232320009966662421	备注	

收款人： 复核人： 开票人：杨建 销售方：（章）

图 8-82 江苏省增值税专用发票

ICBC 中国工商银行 凭证

日期 2024年12月30日 业务回单（付款）

回单编号：18062020994

付款人户名：梁溪惠山动力有限公司 付款人开户行：中国工商银行梁溪惠山支行
付款人账号：428108675009222521
收款人户名：梁溪新媒体广告有限公司 收款人开户行：中国农业银行梁溪新桥支行
收款人账号：3232320009966662421
金额：贰万伍仟元整 小写：25 000元
业务（产品）种类： 凭证种类：00000000 凭证号码：00000000000000000000
摘要：广告费 用途： 币种：人民币
交易机构：0110300421 记账柜员：00023 交易代码：45296 渠道：网上银行
附言：
支付交易序号：61157724 报文种类：大客户发起汇兑业务 委托日期：2024年12月30日
业务类型：普通汇兑 指令编号：HQP14180654 提交人：
本回单为第一次打印，注意重复 打印日期：2024年12月30日 打印柜员：8 验证码：OHBE6CA7786

图 8-83 中国工商银行业务回单（付款）

【业务38】

中国工商银行已入账利息传票

2024 年 12 月 31 日

付款账号	账 号		收款账号	账 号	4281086750092225 21
	户 名			户 名	梁溪惠山动力有限公司
	开户银行	中国工商银行梁溪惠山支行		开户银行	中国工商银行梁溪惠山支行
金额（大写）	人民币壹仟肆佰伍拾元整		金额	¥1 450	中国工商银行 梁溪惠山支行 2024.12.31 办讫章 （02）
			科目		
			对方科目		
（银行盖章）			复核	记账	

图 8-84 利息收入传票

【业务39】

	江苏省增值税专用发票					No 00056289	
	此联不作报销、扣款使用					开票日期：2024 年 12 月 30 日	
购买方	名　　称： 梁溪市江海贸易有限公司 纳税人识别号： 32020000475892133E 地址、电话： 梁溪市旺庄路 106 号　0510-2106896 开户行及账号： 中国工商银行梁溪旺庄路支行 2043153 44500563338					密码区	
货物或应税劳务名称	规格型号	单位	数量	单价	金额	税率	税额
金属制品		台	3	15 000	45 000	13%	5 850
合计					¥45 000		¥5 850
价税合计（大写）	⊗伍万零捌佰伍拾元整				（小写）¥50 850		
销售方	名　　称： 梁溪惠山动力有限公司 纳税人识别号： 30700006876596362G 地址、电话： 梁溪市惠钱路 88 号　0510-88254598 开户行及账号： 中国工商银行梁溪惠山支行　4281086750092225 21				备注	12月4日预收款 30700006876596362G	
收款人：	复核人：朱敏		开票人：李华				

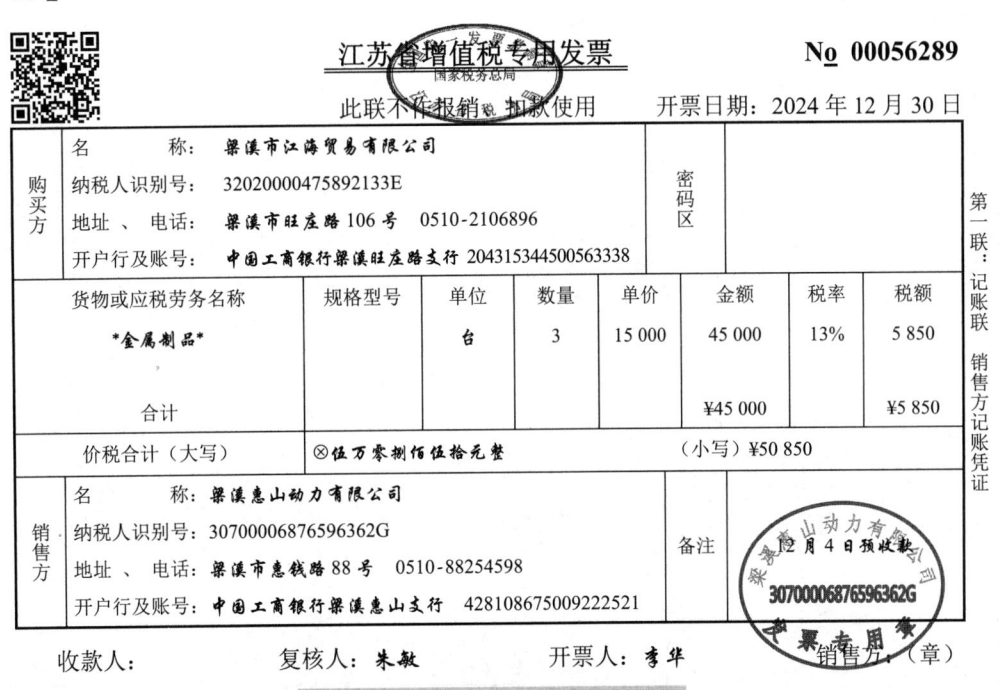

图 8-85 江苏省增值税专用发票

【业务40】

梁溪惠山动力有限公司费用报销单

购物（或业务往来）日期：2024 年 12 月 31 日			背面附原始凭证 2 张		
	内　容	发票号	单价	数量	金　额
1	支付小车修理费	04789997			13 000
2					
备注：					
实报金额（大写）人民币壹万叁仟元整　　　　　　¥13 000					
领导审批	韦洪斌	财务经理	刘萍	部门经理	张春江	报销人	丁烨

报销日期：2024 年 12 月 31 日

图 8-86 梁溪惠山动力有限公司费用报销单

项目8 出纳岗位业务实务操作

江苏省增值税专用发票　　No 04789997

开票日期：2024年12月31日

购买方	名　　称：梁溪惠山动力有限公司 纳税人识别号：30700006876596362G 地址、电话：梁溪市惠钱路88号　0510-88254598 开户行及账号：中国工商银行梁溪惠山支行　428108675009222521	密码区	

货物或应税劳务名称	规格型号	单位	数量	单价	金额	税率	税额
*现代服务*修理费					11 504.42	13%	1 495 58
合计					¥11 504.42		¥1 495 58

价税合计（大写）　⊗壹万叁仟元整　　（小写）¥13 000

销售方	名　　称：梁溪市新视野汽车修理有限公司 纳税人识别号：31244456300007453X 地址、电话：梁溪市文良路109号　0510-53694332 开户行及账号：中国农业银行梁溪新桥支行　3232320000996662422	备注	

收款人：　　复核人：　　开票人：宋祖楼　　销售方：（章）

图8-87　江苏省增值税专用发票

图8-88　中国工商银行转账支票（苏）

表8-2　银行存款余额调节表

开户行：中国工商银行梁溪惠山支行　账号：428108675009222521　2024年11月30日止　　单位：元

项目	入账日期凭证号	金额	项目	入账日期凭证号	金额
银行存款日记账余额		789 583.56	银行对账单余额		791 383.56
加：银行已收，企业未收			加：企业已收，银行未收		
减：银行已付，企业未付			减：企业已付，银行未付 　1. 审计费	网银#980	1 800
调节后的存款余额		789 583.56	调节后的存款余额		789 583.56

表 8-3　中国工商银行梁溪惠山支行对账单

单位名称：梁溪惠山动力有限公司　　账号：428108675009222521　　2024 年 12 月 31 日止　　单位：元

2024年 月	日	摘　要	结算凭证	借　方	贷　方	结余金额
12	1	承前页				791 383.56
	1	审计费	网银#980	1 800		789 583.56
	2	提现备用	现支#1589	8 000		781 583.56
	2	收到货款	转支#4009		2 135.7	783 719.26
	3	收到预付款余款	支票#0945		233.6	783 952.86
	4	收到货款	网银#983		50 850	834 802.86
	5	购货款	转支#5316	7 571		827 231.86
	6	支付货款	电汇#583	60 000		767 231.86
	10	购货款	转支#5319	2 034		765 197.86
	11	增值税	网银#985	12 838.57		752 359.29
	11	城建税等	网银#986	1 540.63		750 818.66
	12	支付运杂费	转支#5318	2 500		748 318.66
	13	收到货款	网银#992		42 050	790 368.66
	16	支付货款	汇票#5912	50 000		740 368.66
	16	收到货款	转支#3283		18 080	758 448.66
	17	缴上月所得税	网银#995	7 150.98		751 297.68
	20	支付水费	网银#996	3 520		747 777.68
	23	代发工资	转支#5316	317 116		430 661.68
	23	支付报刊费	网银#998	885		429 776.68
	24	临时借款	借款单#0589		380 000	809 776.68
	25	收到货款	汇票#6377		33 900	843 676.68
	27	提现备用	现支#1560	3 000		840 676.68
	27	运输费	网银#999	9 810		830 866.68
	27	收到货款	汇票#6502		60 000	890 866.68
	30	收到划款	网银#1002		1 184	892 050.68
	30	支付表彰费	网银#1003	4 500		887 550.68
	30	收到余额	#网银#1004		3 500	891 050.68
	30	支付广告费	网银#1005	25 000		866 050.68
	31	利息	网银#1006		1 450	867 500.68

表 8-4 银行存款余额调节表

开户行：　　　　　账号：　　　　　2024 年　月　日止　　　　　单位：元

摘　要	入账日期 凭证号	金　额	摘　要	入账日期 凭证号	金　额
银行存款日记账余额			银行对账单余额		
加：银行已收，企业未收			加：企业已收，银行未收		
1			1		
2			2		
3			3		
4			4		
减：银行已付，企业未付			减：企业已付，银行未付		
1			1		
2			2		
3			3		
4			4		
调节后的余额			调节后的余额		

表 8-5　资金报表

编制单位：　　　　　　　　编制期间：　　　　　　　　日期：

项目	资金合计	库存现金	银行存款（基本户）	银行存款（其他户）
一、上期结余				略
二、本期收入				
1. 经营收入				
2. 银行贷款				
3. 收取押金				
4. 收回借款				
5. 预收货款				
6. 其他收入				
本期收入合计				
三、本期支出				
1. 支付货款				
2. 发放工资				
3. 偿还贷款				
4. 预付货款				
5. 缴纳押金				
6. 日常费用				
7. 固定资产购置				
8. 办公用品购置				
9. 借出备用金				
10. 其他				
本期支出合计				
四、期末资金结余				

复核：　　　　　　　　编制：

出纳岗位业务操作视频 1　　出纳岗位业务操作视频 2　　出纳岗位业务操作视频 3　　出纳岗位业务操作视频 4

同学们，经过前面紧张、忙碌的学习，你们掌握了出纳实训的有关知识，学习了高仿真的工作案例，体验了出纳实务的具体操作流程，你们是否已经体会到了作为一名出纳员所要具备的一份细心、一份耐心、一份责任心？俗话说："台上一分钟，台下十年功。"希望你们能在平时养成严谨、细致的工作作风，勤学真本领，苦练基本功，早日由莘莘学子转向职场达人，期待你们的精彩表现！